Ministrando con Música

Betty Jane de Grams

EDITORIAL

Vida

ISBN 0-8297-0584-8

Categoría: Música

© 1976 por Editorial Vida
Deerfield, Florida 33442-8134

Cuarta impresión, 1992

INDICE

MINISTRANDO CON MUSICA—PARTE I

CAPITULO I—INTRODUCCION

Prólogo

Este curso es una compilación de muchas ideas y cursos ya vigentes en varias partes de América del Sur. Algunas ideas fueron tomadas del curso de *Música para el Ministerio*, del señor Floyd Woodworth, otras del curso preparado por la señora Loida de Hodges, y otras de varios cursos que yo he estudiado y dictado en Bolivia y Argentina.

Combina los elementos básicos de la teoría y el solfeo y están adaptados para el uso práctico del alumno del Instituto Bíblico y del cristiano laico que quiere prepararse para servir mejor a su Señor.

El curso incluye ejercicios que aparecerán al final de la primera y segunda parte y que se emplearán en conjunción con las lecciones, a criterio del profesor.

Es nuestro propósito ayudar a poner la música al alcance de todo ministro del evangelio y de todo cristiano para una labor más eficaz en la obra. También tenemos el propósito de preparar otros cursos graduados adecuados.

El alumno debe de usar los himnarios "Himnos de Gloria" e "Himnos de Gloria, Cantos de Triunfo" para los ejercicios y el aprendizaje en clase.

Betty Jane de Grams

La importancia de la música

El filósofo alemán Goethe dijo:

*"Déjame preparar la música para una nación,
y cualquiera podrá escribir sus leyes."*

La música es el idioma universal, y se entiende aun cuando no se pueda comunicar con palabras habladas. Tal es el efecto de la música que leemos en el libro por P.H. Fawcett, *Exploración Fawcett*, que estos exploradores que estaban viajando en la selva procurando determinar la formación del límite entre el Perú, Brasil, Paraguay y Bolivia para autorizar el mapa, llevaban un acordeón para tocar de noche. Aunque las tribus indígenas no entendían su idioma, entendían su espíritu por medio de la música y les ayudaban.

¿Cómo sería este mundo sin música alguna? Si no hubiera el cántico de los pajaritos, ni el murmullo de los ríos, ¿daría gusto vivir aquí? Quítese la música de nuestro mundo y se habrá quitado una de las creaciones más sublimes de Dios. Quítese la música del alma humana y se habrá quitado uno de los goces más elevados y una de las necesidades más imprescindibles para la felicidad del hombre y para que tenga un medio de adorar a su Creador. Sin embargo, en la iglesia muchas veces se le da menos importancia a la música que en el mundo.

Tampoco reconocemos su tremendo poder. Consideremos la influencia potente que ejerce la música sobre el hombre. ¿Se ha sorprendido usted mismo cantando un anuncio de una marca de cigarrillos? ¿Por qué lo cantaba? ¿Fue porque le gustaba esa marca de cigarrillos?¡Nunca!¿Por qué lo cantaba?Fue porque un comerciante reconoció el poder de la música y gastó miles de pesos para emplear esa forma de propaganda tan persuasiva.

El resultado fue que por causa de la música se puso a cantar el anuncio sin darse cuenta. Aunque no fuma, el fabricante le tenía cantando acerca de su producto por el poder de la música.

El diablo comprende el valor de la música en la vida del hombre. ¡Mire cómo atrae a la gente del mundo con su música! Tiene sus músicos por dondequiera. Sus agentes gastan mucho dinero y tiempo en el esparcimiento de sus ideas inmundas por medio de la música para adoctrinar al hombre y así agarrar su alma.

Amy Wilson Carmichael, una misionera de la India dice:

"Hay algo inmortal en las semillas de una canción. Una noche después de empezar a estudiar enfermería estaba paseando al lado del río. Un joven se me acercó y me preguntó con timidez: '¿Me recuerda? Hace tiempo yo asistía a los cultos de niños debajo del árbol en su patio.' Después él repetía texto tras texto y cantaba canción tras canción. Estoy maravillada de la potencia de vida en el papo de cardo que es la canción. Ahora procuramos más y más poner una melodía sencilla a los pensamientos eternales y los damos a los vientos de Dios para esparcirlos."

La música es una parte integral de nuestra vida, sin embargo muchas veces la tenemos en poco y no la apreciamos como es debido. ¿Se ha fijado en los Salmos, el gran número de ocasiones en que el salmista nos exhorta diciendo: "Cantad a Jehová"? ¿Se ha fijado en el gran número de almas que son atraídas al evangelio por medio de la música de las alabanzas en nuestras iglesias pentecostales?

Como la alabanza es el resultado del contacto del corazón del hombre con Dios, y como la música es el idioma de los sentimientos interiores, cantar los himnos evangélicos es la mejor manera de expresar nuestras alabanzas a Dios. La música prepara la atmósfera, dirije los pensamientos hacia Dios, pone énfasis en las verdades espirituales, nos despierta a hechos buenos, y nos unifica en lazos de amor y compañerismo cristiano.

Si es así, ¿no debemos pasar más tiempo en oración y preparación de la música para cada culto? ¿No debemos estudiar con fervor la música para aprovechar este medio de ganar almas para nuestro Salvador? Si se pone a estudiar con estusiamo y determinación, esta asignatura puede ser de mucha ayuda en su ministerio, y en toda su vida. Si es fiel en hacer todos los ejercicios, pronto va a dominar la teoría básica de la música. Si todos nuestros ministros y feligreses aprenden música, la calidad de la música en nuestras iglesias mejorará y el nombre de Dios recibirá más gloria.

Yo creo que toda persona que piensa cantar en un coro debe estudiar este libro y aprender a leer música para tener la base necesaria.

¡Que el Señor les bendiga! ¡Adelante con la música!

El valor de la canción*

Dios utilizó un himno apropiado para niños para la salvación de la madre del Gitano Smith, el gran evangelista. Y Dios le usó para la salvación de su padre, sus hermanos y familiares.

Mientras la familia viajaba en Hertfordshire, Inglaterra, el médico del pueblo descubrió que la hija mayor tenía viruela y los mandó que se fueran con sus carretones fuera del pueblo para no contagiar a otros. Les mandó ir unos ocho kilómetros de camino. Allí el padre erigió su carpa. El carretón fue el hospital y el padre fue el enfermero. En unos días el hijo Ezequiel también se enfermó con la espantosa enfermedad y fiebre. Lo peor vino cuando la madre también se enfermó.

El padre estaba muy angustiado. Sentía que no había esperanza, y sabiendo que no podía mantener la familia separada, trajo el carretón junto a la carpa. Ambos padres se dieron cuenta que la madre estaba muriendo. El padre le preguntó si ella había pensado en Dios y si podía orar; ella contestó que estaba procurando, pero parecía que una mano negra bajaba mostrando todas las maldades que ella había hecho y susurraba: "¡No hay lugar de misericordia para ti!"

Hacía muchos años el padre había escuchado el evangelio una vez y su corazón había sido conmovido, pero, no había luz. No sabía leer, y sus amigos tampoco, así que no había nadie para darles instrucción y dirección. Después de contarle todo lo que él recordaba del evangelio salió afuera detrás del carretón y lloró amargamente.

---

*Lebar, Lois E., traducida de *Niños en la escuela bíblica*, F.H. Revell Co., Westwood, N.J., 1952.

Mientras lloraba, la escuchó cantar:

"Tengo un Padre en la tierra prometida,
Mi Dios me llama, a él iré,
A encontrarle en sus mansiones
Mi Dios me llama, a él iré."

Volvió a ella y le dijo: "Hija mía, ¿dónde aprendiste este canto?" Ella le contó que cuando era una niña pequeña, su padre había puesto la carpa el día domingo en la plaza de un pueblo. Al ver a todo el mundo entrar a la iglesia, ella les seguía y escuchaba mientras cantaban estas palabras.

Hacía más de veinte años que ella las había escuchado y a pesar que las había olvidado todos estos años, en sus momentos de buscar sinceramente a Dios y su salvación, el Espíritu Santo las trajo a su memoria. Ella había vivido en una oscuridad espiritual toda su vida, pero este rayo de luz entró en su alma cuando era niña, por medio de este himno. No podía leer la Biblia, nunca había aprendido acerca de Dios y su Hijo, pero estas palabras vinieron vez tras vez al morir y ella las cantaba. Mirando a su esposo, dijo: "Ahora no tengo miedo de morir. Siento que todo va a estar bien, y Dios ha de cuidar de mis hijos."

Así Dios usó un himno de niños para la salvación de esta familia entera.

CAPITULO II—LAS NOTAS

Lección 1—¿Qué es la música?

LA MUSICA
Es el arte de combinar bien los sonidos y el tiempo o ritmo.

EL SONIDO
Es el producto de las vibraciones de los cuerpos sonoros.

Hay muchos sonidos que el oído del hombre no puede captar.

EL RUIDO
Es un sonido indeterminado, no tiene ritmo; por ejemplo, lo que se produce cuando cae un lápiz, o dos piedras al chocar.

ELEMENTOS DE LA MUSICA
El pentagrama o pauta, las claves, las notas, y los silencios o pausas, el ritmo y el compás.

EL PENTAGRAMA
El pentagrama es el conjunto de 5 líneas y 4 espacios en los cuales se colocan las notas de la música. Las líneas y los espacios se enumeran de abajo hacia arriba. Por ejemplo:

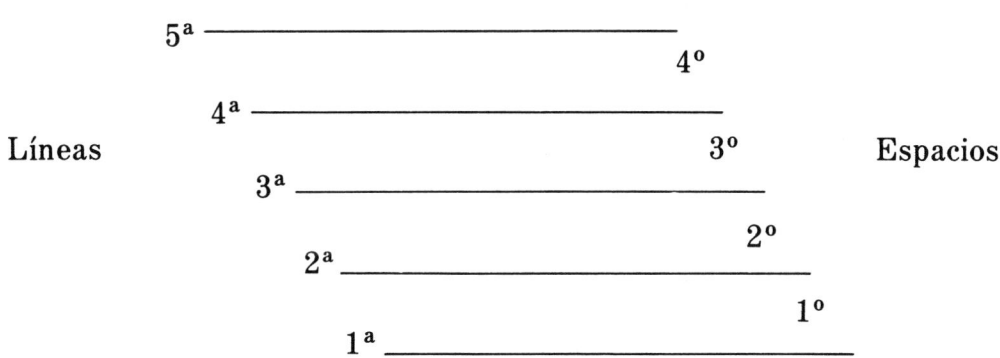

Lección 2—Partes fundamentales de un sonido musical

Todas las cosas tienen propiedades que son necesarias para su existencia, así es que se llaman *propiedades especiales*. Por ejemplo: un lápiz no podría ser lápiz si no tuviera longitud y forma.

Un sonido musical tiene 4 propiedades esenciales:

1. DURACION
   quiere decir el tiempo que se sostenga el sonido, o su prolongación.

2. TONO
   se refiere a lo grave o lo agudo del sonido.

3. INTENSIDAD
   es la capacidad del sonido de ser oído; por ejemplo, algunos sonidos son discernibles al oído del perro, pero no al de una persona. Hay diferencia de intensidad en las voces de las personas; algunas son sonoras y otras suaves.

4. TIMBRE
   describe el carácter del sonido, si el sonido es suave, penetrante o áspero. Se nota que el timbre de una caña de boquilla difiere del sonido del piano, y la guitarra del clarinete.

Cualquier sonido tiene duración, intensidad, y timbre, mas solamente un sonido musical tiene las cuatro propiedades descritas.

Lección 3—Nombres de las notas

La música es el verdadero idioma universal. Sin embargo, es mucho más fácil aprender a leer la música que aprender a leer un idioma hablado. Las palabras del texto de la música se hacen con las notas, y hay solamente 7 notas en el alfabeto musical en vez de 28. Sus nombres son:

DO,   RE,   MI,   FA,   SOL,   LA,   SI,   DO

El orden descendente es el inverso del orden ascendente, o sea: Do, Si, La, Sol, Fa, Mi, Re, Do.

Para ayudarle a recordar hay un diseño de reloj:

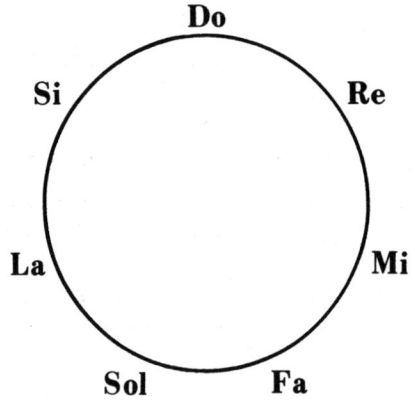

Como cuando uno aprende a leer, si se cambia una letra cambia el sentido de toda la palabra, también en la música, cambiando una nota cambia la palabra musical o el sonido. Veamos estas palabras para ver qué hace el cambiar sólo una letra.

CASA,   CARA,   CAMA,   CAPA,   CADA,   CALA,   CANA

He aquí una sección del teclado del piano. Los siete sonidos musicales se encuentran en las notas blancas o naturales desde Do hasta Do como en este diseño:

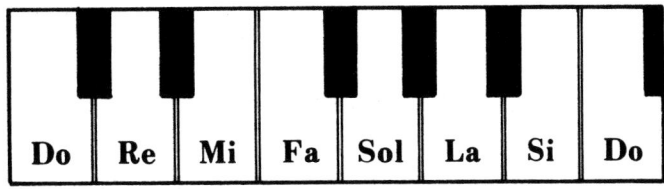

Como comprende 8 notas, de Do a Do, se llama "una octava".

Lección 4—Clave de SOL

Las líneas del pentagrama en sí no nos dicen nada, porque tienen que tener un signo de clave para dar nombre a las notas.

Tenemos que observar un signo que se encuentra en el principio de cada pentagrama y se llama el signo de clave. Hay siete claves, pero aquí vamos a estudiar las dos que se usan en la música de nuestros himnarios.

El siguiente es el signo de la clave de "SOL"

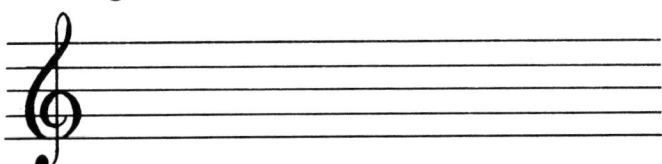

Vamos a aprender a hacer el signo de la clave de SOL. Siga los pasos como se ven en la ilustración:

Termina en la segunda línea. La nota "sol" se coloca sobre esta segunda línea, por eso toda nota que descansa en la segunda línea del pentagrama se llama "sol". Los nombres de las notas en las líneas de la clave de SOL son:

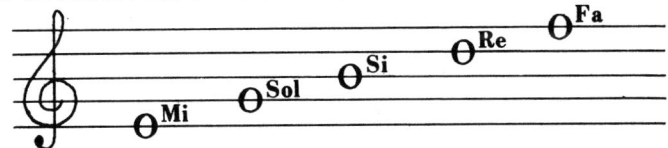

13

Para recordarlas fácilmente, puede memorizar esta frase:

MIguel **SOL**ía **SI**empre **RE**buscar **FA**llas

Los nombres de las notas en los espacios de la clave de SOL son:

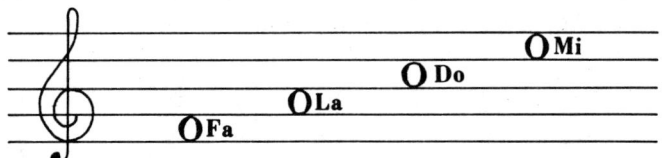

Su frase para ayudarle es:

FAcil **LA**borar **DO**ce **MI**nutos

La clave de sol se toca con la mano derecha en el piano o acordeón y se utiliza para las voces femeninas. En un coro de voces mixtas, las mujeres con las voces más agudas cantan la prima, o sea la melodía, y las mujeres con las voces más graves cantan el segundo. Notemos que en los himnarios cada "palito" de las notas tiene dos notas juntas. La de arriba es el tono de la melodía o prima y la de abajo es la segunda.

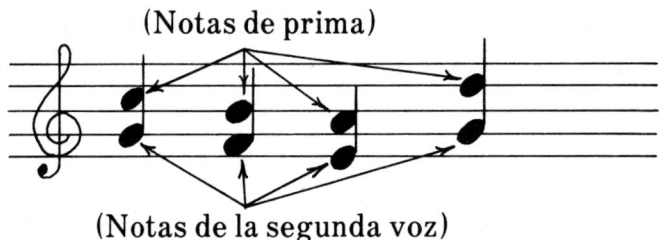

(Notas de prima)

(Notas de la segunda voz)

Se puede ver que cada vez que la nota sube en el pentagrama, sube la voz; cuando baja, baja la melodía o el solfeo de la voz. Si las notas saltan, la voz también tiene que saltar.

Lección 5—Clave de FA

La clave de FA se utiliza para los sonidos bajos, y señala la parte que ha de tocarse en el piano o acordeón con la mano izquierda.

También se utiliza para las voces masculinas en nuestros himnos. Los hombres con las voces más agudas cantan tenor, las notas de arriba en la clave de FA, y los hombres que tienen las voces más graves cantan bajo o las notas de abajo.

El signo de la clave de FA empieza en la cuarta línea, por eso toda nota que descansa en la cuarta línea se llama "Fa".

Cuando se hace el signo de la clave de FA hay que estar seguro de encerrar con dos puntillos a la cuarta línea.

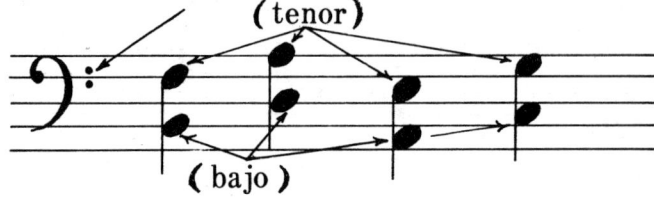

(tenor)

(bajo)

Los nombres de las notas en las cinco líneas de la clave de FA son:

SOL,   **SI,**   **RE,**   **FA,**   **LA**

Para recordarlas fácilmente aprenda esta frase:

SOLía   **SI**empre   **RE**buscar   **FA**llas   **LA**li

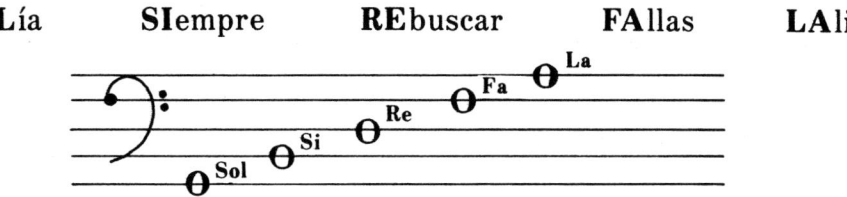

Los nombres de las notas en los cuatro espacios de la clave de FA son:

LA, DO, MI, SOL

Para recordarlas fácilmente aprenda esta frase:

LAgos   **DO**quiera   **MI**res,   **SOL**dado

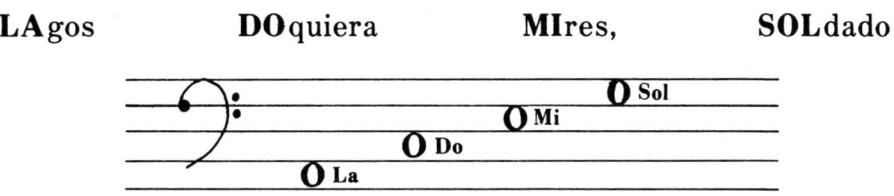

Recuerde que la clave de FA sirve para dar los tonos a las voces de hombres.

Se toca con la mano izquierda, en el piano debajo del Do central, y en el acordeón en los botones.

Puede mirar en su himnario y tararear la parte del tenor del número 157, "NO LO HAY". Cuando queda la misma nota la voz mantiene el mismo tono, cuando la nota sube, sube la voz, o si baja la nota, la voz baja el mismo número de tonos.

Lección 6—Líneas adicionales

Todos los sonidos que uno puede cantar o tocar no se pueden colocar dentro de los límites del pentagrama, por eso se emplean fragmentos de líneas arriba y abajo del pentagrama. Estas se llaman "Líneas adicionales". Entonces si vemos una línea adicional arriba del pentagrama en la clave de FA, ¿cuál será el nombre de la nota que se escribe en ella? Será "DO".

Como la última línea (5) de la clave de FA es La, entonces la línea adicional es Do—*Do central.* También para la clave de SOL la primera línea que añadimos debajo de la clave de SOL es Do central. Así se unen ambos pentagramas.

Hay una pequeña regla para recordar. La nota que se añade dos líneas adicionales debajo de la Clave de FA es Do, también la nota que se añade dos líneas adicionales arriba de la clave de SOL es Do.

Algunas notas sobre líneas adicionales:

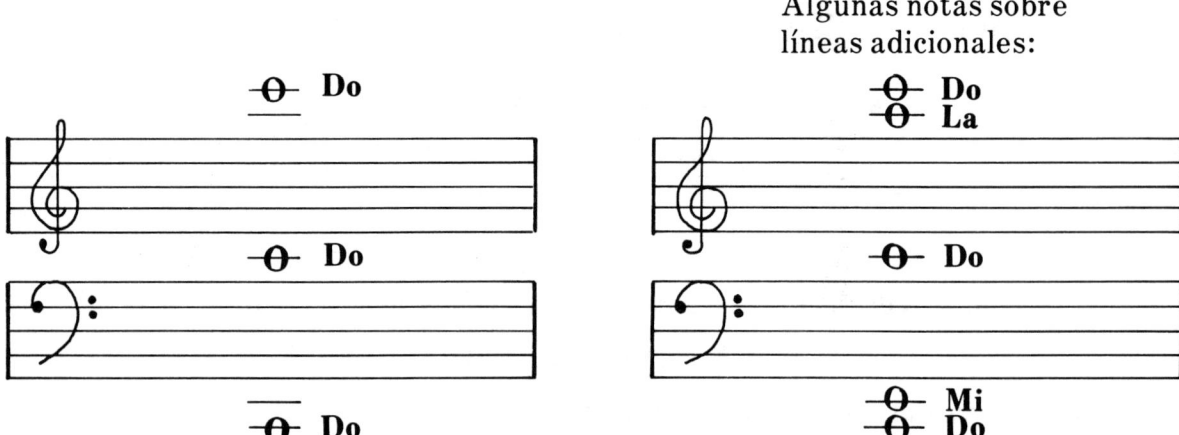

CAPITULO III—EL COMPAS

Lección 7—Clases de notas

Los idiomas hablados son muy difíciles de aprender porque a veces tienen maneras complicadas de expresarse. Pero el idioma más extenso no puede compararse con la delicadeza y exactitud del idioma musical, a pesar que es más fácil. Por ejemplo, si leo la palabra "Yo" en castellano, no hay marca alguna que diga que debo decir la "O" rápidamente, o sostenerla por un rato. Puedo decir "yo" muy corto, o puedo alargarla diciendo "Yooooo". ¿Cómo saber? Por ejemplo la pregunta ¿Quién va a ir? es ¿*Quién?* o ¿*Quién va?* o ¿Quién va a *IR?*

En la música tenemos *clases de notas* que utilizan varias figuras. Estas figuras nos indican con la precisión de la ciencia matemática exactamente cuánto tiempo hemos de sostener la nota. La posición de la nota sobre el pentagrama nos indica su sonido, pero la clase de figura nos indica cuánto tiempo recibe la nota.

La figura representa un quebrado. La redonda constituye la unidad musical y vale 4 tiempos. Las demás notas se relacionan a ésta. Hay 7 clases de notas y se hacen así:

Redonda.   Blanca.   Negra.   Corchea.   Semi-corchea.   Fusa.   Semi-fusa.

Aquí está lo importante. La blanca lleva la mitad del valor de la redonda, la negra la mitad de la blanca, etc. (Cada vez que añadimos algo a la figura de la nota, se disminuye el valor de la nota a la mitad.)

Se puede ilustrar así con la figura de una torta o pastel:

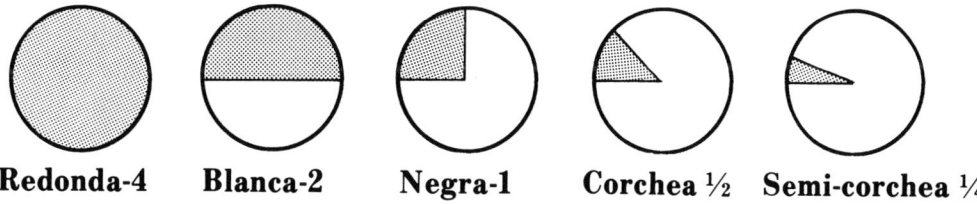

Redonda-4   Blanca-2   Negra-1   Corchea ½   Semi-corchea ¼

Lección 8—El silencio

La música tiene otra cosa muy importante que no hay en los idiomas hablados. Esto es un sistema de símbolos para guardar silencio o callarse. Para saber la duración precisa del período de silencio, se emplea el mismo sistema de quebrados que utilizan las notas. Cada nota tiene su respectiva figura para indicar un silencio. Cada silencio corresponde en valor a su respectiva figura. Así:

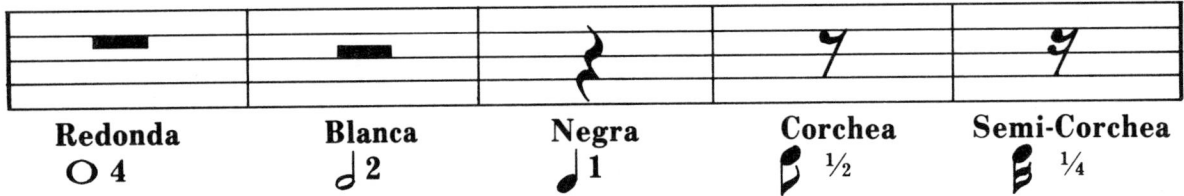

Redonda	Blanca	Negra	Corchea	Semi-Corchea
○ 4	♩ 2	♩ 1	♪ ½	♪ ¼

(Para distinguir la diferencia entre el silencio de redonda y el de blanca se puede pensar que el caballero se quita su sombrero y lo pone debajo de la silla, pero el medio caballero lleva sombrero y se sienta con él puesto en su cabeza. Así un caballero entero vale 4 tiempos, como la redonda, y un medio caballero solamente vale 2 tiempos, como la blanca.)

Lección 9—El puntillo

Un punto a la derecha de una nota se llama PUNTILLO, y sirve para aumentar a la figura la mitad de su valor original. Por ejemplo: una figura de negra que recibe un tiempo, si tiene un puntillo a la derecha vale por un total de tiempo y medio. La blanca vale 2 tiempos, con puntillo valdrá 3. Véase himno número 88— Cerca, Más Cerca, y 14—¡Oh, Qué Amigo!

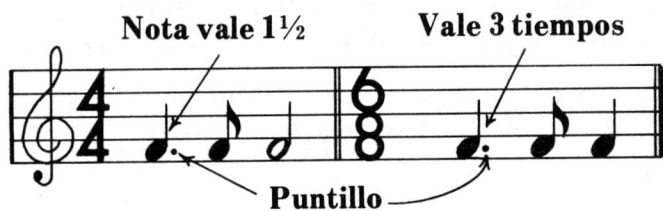

Lección 10—El ritmo, las barras, y el compás

El mundo tiene ritmo con las horas y minutos. El reloj con su tic tac da ritmo. El *ritmo* es un componente integral de la música. Toda música lo tiene. Es muy fácil de descubrir en los cantos de nuestras iglesias pentecostales porque a menudo palmeamos con la música. El golpe de las manos indica el golpe o el tiempo del ritmo.

La lectura de las notas se facilita con el uso de unas barras que cortan verticalmente el pentagrama. Las barras se llaman *LINEAS DIVISORIAS* y dividen en partes iguales la composición o trozo de música. El espacio comprendido entre dos líneas divisorias se llama *COMPAS*. Cada compás lleva el mismo número de tiempos o golpes de ritmo.

Para indicar el compás de una composición siempre se encuentra un quebrado al principio del himno o trozo.

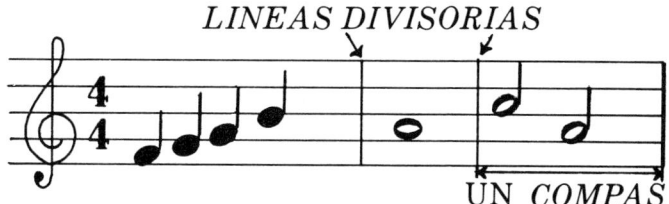

Tiene que memorizar estas frases:

El número de *arriba* nos indica cuántos tiempos hay en cada compás.

El número de *abajo* nos indica qué *clase de nota* recibirá un solo tiempo o ritmo.

4 indica 4 tiempos
4 indica que la negra es
  la unidad de tiempo

6 indica 6 tiempos
8 indica que la corchea es
  la unidad de tiempo

El primer tiempo en cada compás recibe el acento. Mire en el Himnario de Gloria, el himno 1 empieza con ritmo 3; el 2 con 1.

Recuerde el valor de cada nota con relación a la redonda ya que la redonda es la unidad (o 1 en la cifra de abajo). La redonda vale igual que dos blancas, así la blanca se representa con un 2 en la cifra de abajo. Cuatro negras valen igual que una redonda, así la negra se representa con un 4 en la cifra de abajo, 8 corcheas valen igual que una redonda, así la corchea se representa con un 8 en la cifra de abajo del signo del compás.

Supongamos que vemos un signo de compás de cuatro-cuatro $\frac{4}{4}$

¿Qué quieren decir estos números? El cuatro de arriba que hay cuatro tiempos o ritmos en cada compás; el cuatro de abajo representa la figura de negra y quiere decir que la negra lleva un tiempo. Entonces, ¿cuántos tiempos llevará la blanca? Como vale dos veces lo que vale la negra, llevará *dos* (2) tiempos.

Supongamos que vemos un signo de compás seis-ocho $\frac{6}{8}$

¿Qué quiere decir? El 6 de arriba indica que hay 6 tiempos en cada barra. El 8 de abajo representa la figura de la corchea, así la corchea va a recibir un ritmo del compás. Entonces, ¿cuántos tiempos llevará la negra en ritmo 6 por 8? Como la negra vale dos veces lo que vale la corchea, la negra va a recibir dos tiempos. ¿Cuántos tiempos recibirá la blanca? Como vale dos veces lo que vale la negra, será 4 tiempos.

Aquí hay una tabla que le puede ayudar:

La cifra	1 representa la unidad—Redonda		4 tiempos
La cifra	2 representa la mitad —Blanca		2 tiempos
La cifra	4 representa el cuarto —Negra		1 tiempo
La cifra	8 representa el octavo —Corchea		½ tiempo
La cifra	16 representa $\frac{1}{16}$ —Semicorchea		¼ tiempo

Estos números son usados como la cifra debajo del compás, o el denominador del quebrado.

A veces se utiliza una C en lugar del signo del compás. Esto indica el ritmo de cuatro—cuatro $\frac{4}{4}$

Los himnos 204 y 10 están en $\frac{2}{4}$

Los himnos 23, 50 y 35 están en $\frac{3}{4}$

Los himnos 117, 11 y 167 están en $\frac{6}{4}$

Los himnos 2, 109 y 155 están en $\frac{6}{8}$

Los himnos 12, 71 y 210 están en $\frac{3}{2}$

Los himnos 115, 226 y 142 están en $\frac{9}{8}$

Los himnos 17, 102 y 220 están en $\frac{2}{2}$

Los himnos 91, 150 y 140 están en $\frac{12}{8}$

Lección 11—Barras de conclusión

Al término de una composición se encuentran dos líneas paralelas que denotan el fin de ella.

Barras de repetición

Son una o dos barras que llevan dos puntillos o dos pares de puntillos a su inmediación. Si los puntillos están en el lado izquierdo indica que debe repetirse lo que antecede. Si están en el lado derecho indica que desde allí es que se empieza la repetición. Un ejemplo de esto es el himno "Todo a Cristo" (7). También 165, 148, 41 y 42 de Himnos de Gloria.

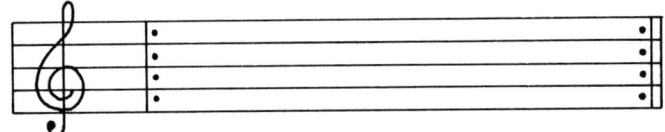

El signo

A veces se encuentra la abreviatura *D.S.* al fin del último pentagrama de un himno. Es una abreviatura italiana que quiere decir que hay que volver al lugar indicado con el signo ilustrado arriba. Luego uno sigue desde el signo hasta llegar al lugar indicado con la palabra "fine" que significa el fin. Un ejemplo es el himno 84, también 157, 13, 14, 76, 11.

Otra abreviatura que trata de la repetición de una parte de la música es *D.C.*, que indica Da Capo o vuelva al principio del himno para seguir hasta la palabra "Fine". Vea números 12, 22, 42.

Lección 12—Marcando el ritmo

Para poder ayudar a todos los miembros de un coro, congregación u orquesta a sentir el ritmo y siempre estar juntos en el compás, el director marca el compás con la mano con movimientos iguales en duración. Primeramente él tiene que averiguar cuántos tiempos o golpes habrán en cada compás. Así él mira al signo del compás:

$$\frac{4}{4} \quad \frac{6}{8} \quad \frac{2}{4} \quad \frac{3}{8} \quad \frac{3}{2} \quad \frac{9}{8} \quad \frac{12}{8}$$

Si hay *4 tiempos* en el compás, lo marca así:
    1° abajo
    2° a la izquierda
    3° a la derecha
    4° arriba
Vea 151, 97, 96, 185, 166.

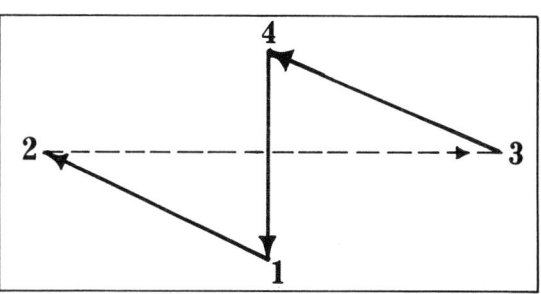

Compás de *3 tiempos:*
    1° abajo
    2° a la derecha
    3° arriba
Vea 50, 127, 176.

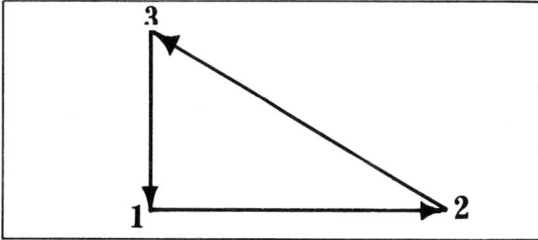

Compás de *2 tiempos:*
    1° abajo
    2° arriba
Vea 10, 57.

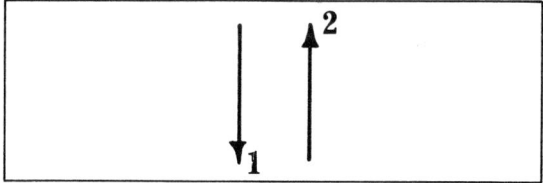

Compás de *6 tiempos:*
    1° abajo
    2° a la izquierda
    3° más a la izquierda
    4° cruzando el cuerpo a la derecha.
    5° arriba
    6° terminando arriba
Vea 167, 11, 109, 55, 34.

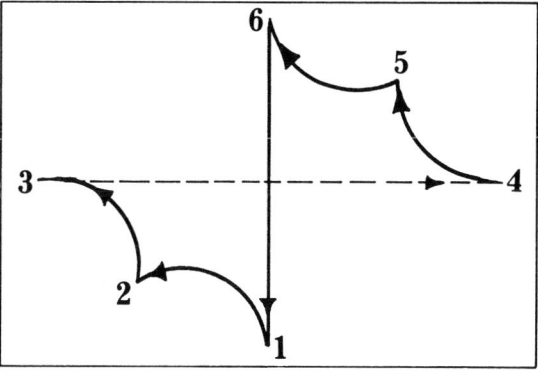

El compás de 6 tiempos puede marcarse como el compás de 2 tiempos, el de 9 como el de 3, y el de 12 como el de 4 (ver 297).

El ritmo 1 siempre viene para abajo.

Lección 13—Modificación del movimiento

EL CALDERON o fermata es un signo musical como media luna con puntito en su centro   . Parece un ojo de pájaro, causa una suspensión indeterminada del tono, y puede ser colocado arriba o debajo de la nota. Sirve para detener el movimiento del compás o tiempo de la música al gusto del músico. Hay muchos ejemplos del calderón en nuestros himnarios:

Números 68, 97, 102, 163.

A veces conviene modificar el paso del compás y andar un poco más despacio al finalizar la composición. Para indicar una modificación se utiliza una abreviatura italiana. Estas cuatro son las más usadas:

Rall.	(Rallentando)	156	Retardando, o lento
Rit.	(Ritenuto)	153, 163	Andar a un paso más lento
Acel.	(Acelerando)		Más rápido
A tempo		85	Volver al paso del principio

Algunos himnos no tienen un compás completo en el primer compás al principio. Lo que sucede es que a veces se divide un compás colocando la primera parte al final de la composición y la última parte al principio del himno para quedar con la poesía. Así el himno empieza con el último tiempo. En este caso la parte del principio de un himno combinada con la parte del final (el último compás), tiene el total de los tiempos de un compás completo. Véase los himnos 97, 1, 101, 40.

Tome nota de la sección sobre *la anacrusa, página* 23 de este libro. Para marcar el tiempo de un himno que empieza así, hacemos el movimiento de la mano para arriba en vez de para abajo, porque el himno empieza con el último tiempo en vez del primero.

Lección 14—El tresillo

A veces se encuentra un grupo de tres notas de la misma figura que lleva el mismo valor que otras dos de la misma figura. Esto se llama TRESILLO. En otras palabras si vemos un tresillo de corcheas, en cuatro por cuatro, entendemos que dos corcheas valen por un tiempo, entonces las tres corcheas toman el valor de un ritmo. Pueden buscar los himnos 35 y 137 en Himnos de Gloria. También en el 10 hay 7 tresillos.

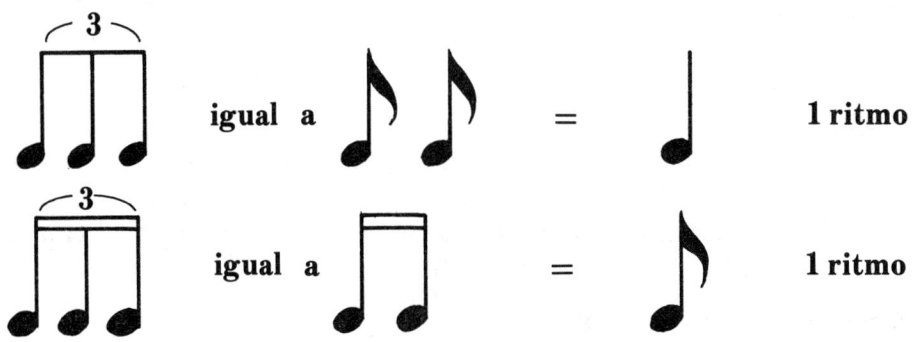

22

La anacrusa

Se nota que en algunos himnos la primera barra no tiene un número completo de ritmos. Como en el himno 1, En un aposento alto, empieza como ritmo número 3. Si mira al último de la pieza notará que la última barra solamente lleva lo que falta de la primera barra. Cuando es así, este ritmo se llama *Anacrusa*, y para dar la pauta se lleva la mano para arriba en vez de para abajo. Cada ritmo uno de la barra tiene que venir para abajo. Vea Himno 108.

Podemos sentir en el ritmo de la música que el ritmo 1 siempre es fuerte. La mano tiene que venir abajo en cada ritmo fuerte. Así será un cuadro de ritmo:

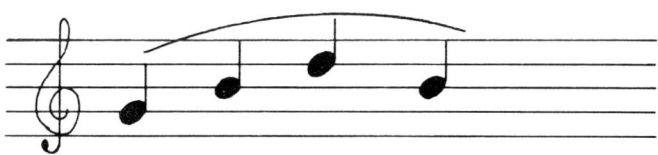

Lección 15—La ligadura

La ligadura es un signo musical que sirve para unir notas del mismo nombre o de nombre diferente con una línea curva.

1. Ligadura melódica

   Enlaza notas de diferentes nombres para indicar que se conecta el tono. Al final de una ligadura se puede respirar; sirve como la coma y el punto en la lectura de idioma. Himnos 15, 16, 78, 19.

2. Ligadura armónica o el ligado

   Es una línea curva que une dos o más notas del mismo nombre y sonido. Hace sostener el sonido tanto tiempo cuanto suman los valores ligados. Vea himnos 97, 98, 107, 165.

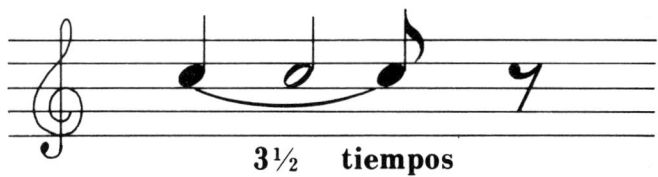

3½   tiempos

Términos Musicales de Importancia

Pianissimo	(101)	pp	Muy suave
Piano	(164)	p	Suave
Forte	(165)	f	Fuerte
Fortissimo	(228)	ff	Muy fuerte
Mezzo Forte	(175)	mf	Medio fuerte
Crescendo	(78)	$<$	Aumentando en sonido
Decrescendo	(78)	$>$	Disminuyendo
Marcato		Marc.	Marcado
Legato		Leg.	Ligado
Staccato		♩ ♩	Destacado, picado
Dolce		Dol.	Dulce
Ritenuto		Rit.	Más lento, muriendo
Accento (9, 157, 108)		> ∧ ∨ —	Con un impulso

CAPITULO IV—FUNDAMENTALES MISCELANEOS

Lección 16—Los sonidos intermedios

Nuestro idioma de música tiene *doce distintos sonidos*. De estos doce, siete tienen nombres. A los otros cinco que no tienen nombre se los llama sonidos intermedios. Entre cada sonido hay un espacio, o distancia de un medio tono.

Para ilustrarlo demos una ojeada al teclado del piano o acordeón. Todas las teclas vienen en grupos de doce, siete blancas y cinco negras.

Las negras se dividen en grupos de a dos y tres. En el ejemplo abajo, fíjese en la tecla marcada "Do". Se ve que la tecla negra pegada a "Do" no tiene nombre. Es un medio tono más alto que "Do". Subiendo la próxima tecla es "Re". Sigue una negra que no tiene nombre. Luego va "Mi". Ahora la próxima es otra blanca que se llama "Fa". Aunque "Mi" y "Fa" son blancas las dos, hay solamente un medio tono entre las dos. Así entre "Do" y "Re", hay un tono entero, porque son dos medio tonos. Entre "Re" y "Mi" hay otro tono completo. ¿Cuántos tonos hay entre "Fa" y "Sol"? ¿Entre "Si" y "Do"?

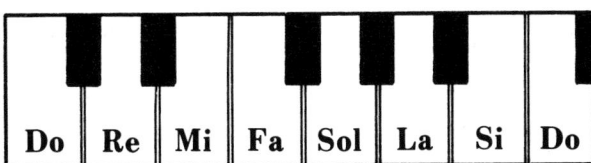

Los grados o notas de la escala no guardan igual espacio entre sí. Si cantamos la escala conforme a este diseño vemos y oímos donde caen los semitonos, pero nuestros oídos lo aceptan porque están templados a estos semitonos.

El semitono viene entre tonos

    3—4 Mi a Fa
    7—8 Si a Do

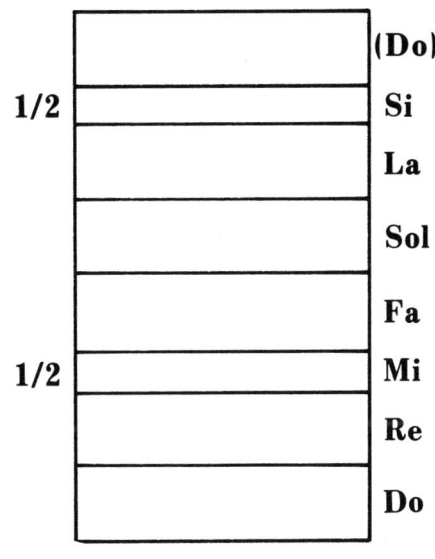

Lección 17—Alteraciones

En la última lección vimos que hay 5 sonidos de nuestra música que no tienen nombres. Para saber cuándo tocar o cantar esos sonidos se emplea el sistema de Alteraciones o Accidentales que son tres:

El sostenido ♯

Colocado delante de la nota significa que hay que subir la nota escrita en un medio tono. No se toca la nota blanca escrita, sino la nota que es un medio tono más arriba. Si vemos un sostenido ♯ delante de Do, en vez de tocar Do, o la tecla blanca, subimos un medio tono que es la próxima negra a la derecha de Do. También hay doble sostenido. Vea el himno 113 la segunda voz. Es así: ※ o así: ✕

El bemol ♭

Colocado delante de la nota significa que hay que bajar la nota escrita un medio tono, o una tecla a la izquierda. Si vemos un bemol ♭ colocado delante de la nota Si, tocaremos la nota negra un medio tono más abajo, que será Si bemol.

El doble bemol ♭♭

Se encuentra en los himnos 156 y 159 y significa bajar la nota 2 medio tonos, por ejemplo, de Si hasta La.

El becuadro ♮

Anula el efecto de un sostenido o un bemol anterior, haciendo tocar la nota tal como está escrita, natural.

Dos clases de alteraciones

1. Alteraciones ACCIDENTALES—Se colocan delante de las notas dentro del compás y su efecto se hace extensivo solamente sobre todas las demás notas del mismo nombre que se hallan *dentro del mismo compás.*

2. Alteraciones FIJAS—Se encuentran al principio del pentagrama o inmediatamente después de la clave. Su efecto continuará sobre todas las notas del mismo nombre sea cual fuere la octava en que están colocadas. Sirven para toda la pieza musical. Así, al principio de un himno se nota cuántos accidentales hay, y se usan para todo el himno.

Lección 18—Apuntes para dirigir

Ahora que estamos aprendiendo a dirigir los himnos tenemos que pensar en algunos puntos importantes para servir en la práctica de la dirección de los himnos en un culto.

Por regla general la congregación seguirá la dirección del que presida y participará de su entusiasmo.

A. *Preparación antes del culto*

1. El deber del que preside es hacer alegre el tiempo de los cantos para preparar a la congregación y llevarla a un espíritu listo para el mensaje.

2. Es necesario que el que preside se prepare en *oración* tanto como el que predica.

3. Seleccione cantos adecuados para el culto.

4. Cuando sea posible, escoja los cantos de antemano. No quede hojeando el himnario delante de la congregación buscando los cantos.

5. Es necesario ensayar para marcar el compás y poder hacerlo antes de procurarlo en el culto.

6. Debe estar bien peinado y su ropa arreglada y limpia. (La limpieza del cuerpo viene después de la salvación del alma.)

B. *Dirección de la congregación*

1. Al subir a la plataforma hágalo con firmeza, con confianza, sin tropezar y sin tener vergüenza.

2. Si la congregación le lleva a usted o si lleva el canto según el gusto de ella, usted es inútil como director y todo puede descontrolarse.

3. Procure agradar, pero con autoridad.

4. Pierda la nerviosidad, no piense en sí mismo.

5. Párese bien, no se acueste en el púlpito.

6. No se agache; mire a la congregación; abra los ojos para mirar y mantener la atención.

7. Esfuércese para que todos cooperen en los cantos, entonces estarán listos para el mensaje.

8. Anuncie el número del canto con claridad.

9. Es mejor decir: "Vamos a cantar el himno número ____." No cantamos páginas, sino himnos. Es bueno anunciar el título del canto, así se logra la atención de la congregación.

10. Es bueno anunciar el número por segunda vez.

11. Cuando quiera que la congregación se ponga de pie, haga una moción con las manos hacia arriba para indicarlo.

12. Indique siempre a la congregación cuándo debe levantarse y cuándo sentarse. No es necesario hacer parar a la congregación para cada himno. Algunos hermanos han trabajado mucho y no les hace falta "gimnasia santa".

C. *Dirección del culto*

1. Hay que dar el primer tiempo fuerte del compás; en el último compás del canto hay que alzar la mano llevándola a un lado; no esconda la cara.

2. No detenga la mano en el primer tiempo abajo.

3. Mueva la mano libremente y guarde la posición.

4. Haga las mociones de la mano de manera natural, no con la mano tiesa, ni con los dedos.

5. Para dirigir a un coro se puede indicar cada tiempo, pero para dirigir a una congregación no es muy importante.

6. Pueden usarse las dos manos.

7. No sea ridículo con los movimientos para llamar la atención hacia usted mismo.

PALABRAS FINALES

Claro que este estudio se ha simplificado mucho y no se han tratado todas las reglas ni las complicaciones de la teoría de la música. Pero si ya ha dominado todo lo comprendido en esta asignatura, tiene una buena base para cualquier especialidad de la música ya sea dirigir los himnos, tocar un instrumento, cantar en un coro o seguir el estudio de la teoría.

La música es don de Dios. El sentido es más importante que la ejecución, así que debe orar que Dios toque su corazón para hacer una melodía agradable para él.

¡Use todo lo que ha aprendido!

EJERCICIOS DE LA LECCION 1
MINISTRANDO CON MUSICA
PRIMERA PARTE

Nombre _____

Fecha _____

1. ¿Qué quiere decir "música"?

2. ¿Qué quiere decir "ruido"?

3. ¿Cuántas líneas tiene el pentagrama?

4. ¿Cuántos espacios?

5. Haga un pentagrama nombrando cada línea y espacio.

6. ¿Qué quiere usted aprender en este curso?

EJERCICIOS DE LA LECCION 2
MINISTRANDO CON MUSICA
PRIMERA PARTE

Nombre _____

Fecha _____

1. ¿Cuáles son las 4 partes fundamentales de la música?

    1.

    2.

    3.

    4.

2. El tiempo que se sostiene la nota quiere decir _____

3. La capacidad del sonido de ser oído es _____

4. El carácter de un sonido quiere decir_____

5. Dé la definición de un tono _____

6. ¿Qué importancia tiene la música en su iglesia?_____

Nombre _____
Fecha _____

1. Cante la escala ascendiendo y descendiendo, pronunciando el nombre de cada nota. Escríbala aquí:

2. Aprenda de memoria la escala.

3. ¿Qué notas faltan? Do Re Mi __ __ __ __ __

4. Llene el diseño del reloj:

5. Si el alumno tiene a su alcance el libro *"Solfeo de los Solfeos"* por Enrique Lemoine, puede empezar a estudiar la primera lección y seguir a medida que vaya entendiendo este libro.

EJERCICIOS DE LA LECCION 4
MINISTRANDO CON MUSICA
PRIMERA PARTE

Nombre _____

Fecha _____

1. Haga cuatro signos de la clave de "Sol".

2. Escriba el nombre de cada nota debajo de ella. Recuerde que la segunda línea de la clave de "Sol" es "Sol", y esto le servirá como el punto de partida.

3. En su Himnario de Gloria, busque el himno número 1 para tararear siguiendo las notas. Se verá que a medida que las notas saltan arriba la voz toma el sonido arriba, cuando las notas bajan, el sonido de la voz baja también.

El número 92 también es bueno para practicar.

EJERCICIOS DE LA LECCION 5
MINISTRANDO CON MUSICA
PRIMERA PARTE

Nombre _____

Fecha _____

1. En la clave de "FA", ¿dónde está la nota "Fa"?

2. ¿Dónde se encuentra el tenor en el himnario?

3. ¿El bajo? _____

4. ¿La melodía o prima voz? _____

5. Ponga el nombre de cada nota debajo de ella. Fíjese en el signo de la clave.

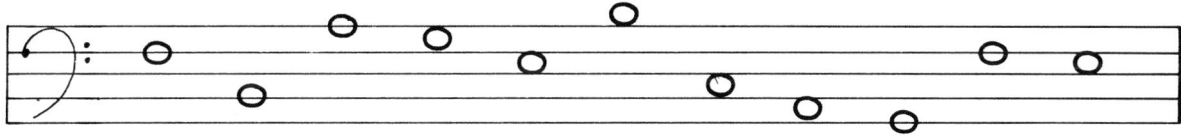

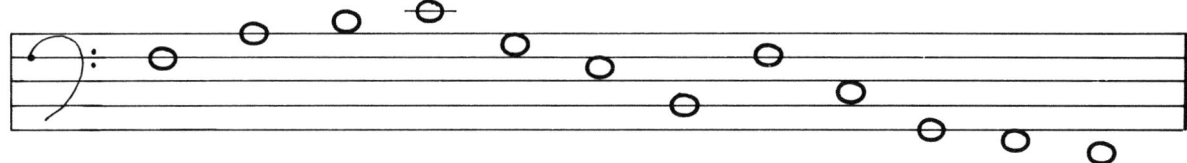

6. Busque en el Himnario de Gloria el himno 157 para tararear la parte del tenor.
   También el número 11, "Cariñoso Salvador".

**EJERCICIOS DE LA LECCION 6
MINISTRANDO CON MUSICA
PRIMERA PARTE**

Nombre _____

Fecha _____

1. Escriba los nombres sobre las teclas blancas recordando los nombres de la escala que hemos aprendido.

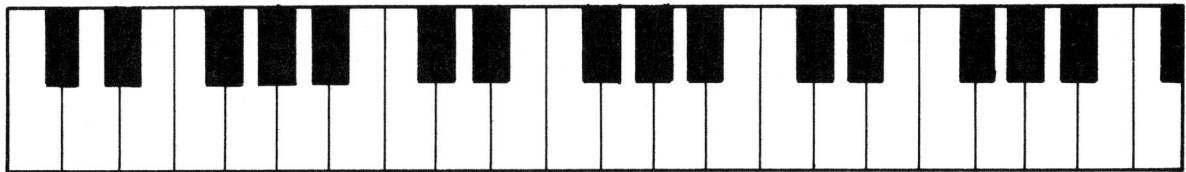

2. Dibuje dos notas "Re" en la clave de Sol, la primera en un espacio, y la segunda sobre una línea.

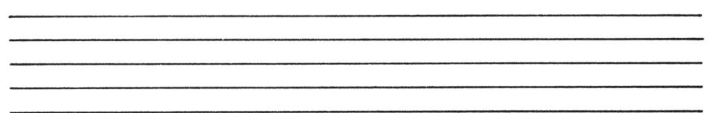

3. Dibuje dos notas "Si" en la clave de Fa, la primera sobre una línea y la segunda en un espacio.

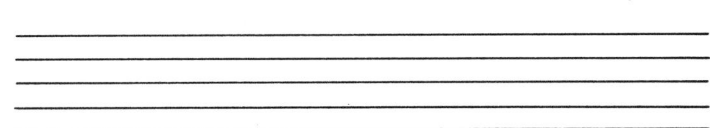

4. ¿Para qué sirve el "Do" central? Dibújelo:

5. Observe estas notas y nómbrelas:

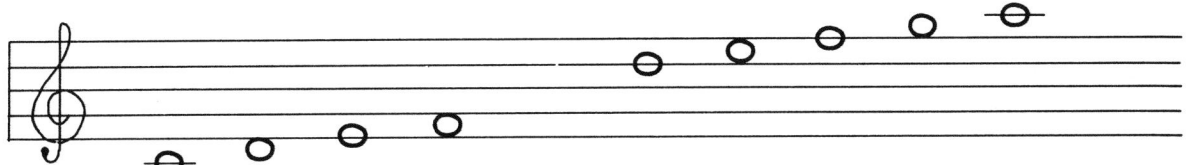

1. Haga una figura de cada una de las siguientes:

   a) una blanca _____

   b) una semi-corchea _____

   c) una negra _____

   d) una redonda _____

   e) una corchea _____

2. Escriba en el espacio en blanco el número de figuras cuyo valor es igual al valor de la figura dada:

   a) _____ corcheas son iguales en tiempo a una blanca.

   b) _____ corcheas son iguales en tiempo a una negra.

   c) _____ corcheas son iguales en tiempo a una redonda.

   d) _____ corcheas hay en un compás de cuatro por cuatro.

   e) _____ blancas son iguales a una redonda.

   f) _____ negras son iguales en tiempo a una blanca.

   g) _____ semi-corcheas son iguales en tiempo a una negra.

3. Ponga el nombre de cada nota debajo de ella:

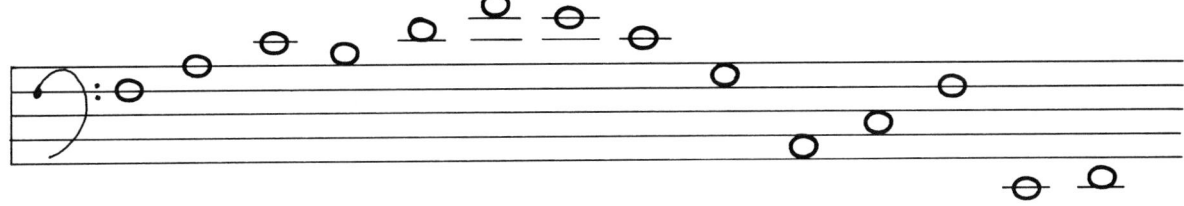

1. Haga un silencio de cada una de las figuras:

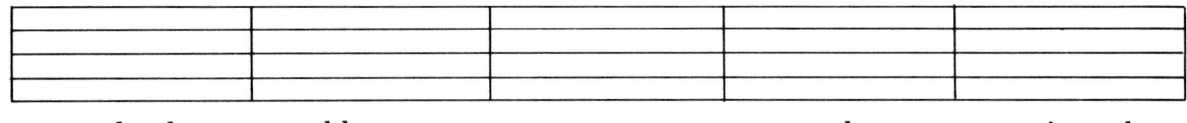

| redonda | blanca | negra | corchea | semi-corchea |

2. Si una negra vale $1.00 ¿cuánto vale la redonda? _____

3. Si una corchea vale $0.50 ¿cuánto vale una blanca? _____

4. Si una blanca vale $2.00 ¿cuánto vale una corchea? _____

5. Si una redonda vale $2.00 ¿cuánto vale una negra? _____

6. Si una corchea vale $0.25 ¿cuánto vale una negra? _____

7. Si una negra vale $2.00 ¿cuánto valen dos corcheas? _____

8. Ponga debajo de cada nota el nombre de ella:

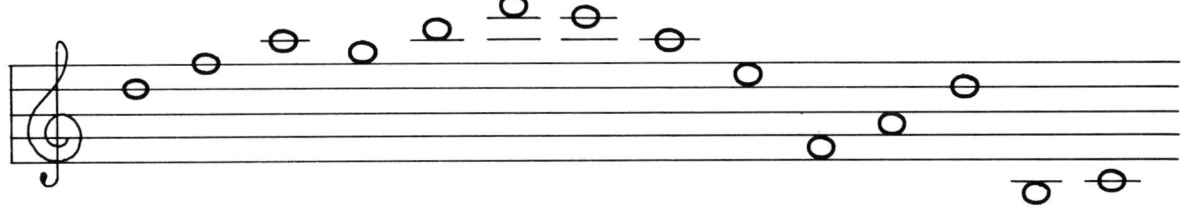

EJERCICIOS DE LA LECCION 10
MINISTRANDO CON MUSICA
PRIMERA PARTE

Nombre _____

Fecha _____

1. En un compás cuatro por cuatro:

   a) ¿Cuánto tiempo lleva la corchea? _____

   b) ¿Cuánto tiempo lleva la blanca? _____

   c) ¿Cuánto tiempo lleva la redonda? _____

   d) ¿Cuánto tiempo lleva la negra? _____

   e) ¿Cuánto tiempo lleva la semi-corchea? _____

2. Escriba el nombre de cada nota debajo de las mismas en los dos pentagramas de abajo:

3. En los siguientes pentagramas faltan las líneas divisorias. Póngalas con mucho ciudado, recordando que en el espacio entre ellas tiene que haber el número especificado de tiempos por el número de arriba del signo del compás, fijándose en el número de abajo para ver qué clase de nota va a recibir 1 ritmo.

**EJERCICIOS DE LA LECCION 11
MINISTRANDO CON MUSICA
PRIMERA PARTE**

Nombre _____

Fecha _____

1. Cante el himno "En la cruz" (No. 53) palmeando con la música para sentir el ritmo que tiene el himno. A ver si puede discernir las cuatro percusiones de cada compás.

2. Escriba en cada espacio en blanco lo que significa cada una de estas cosas:

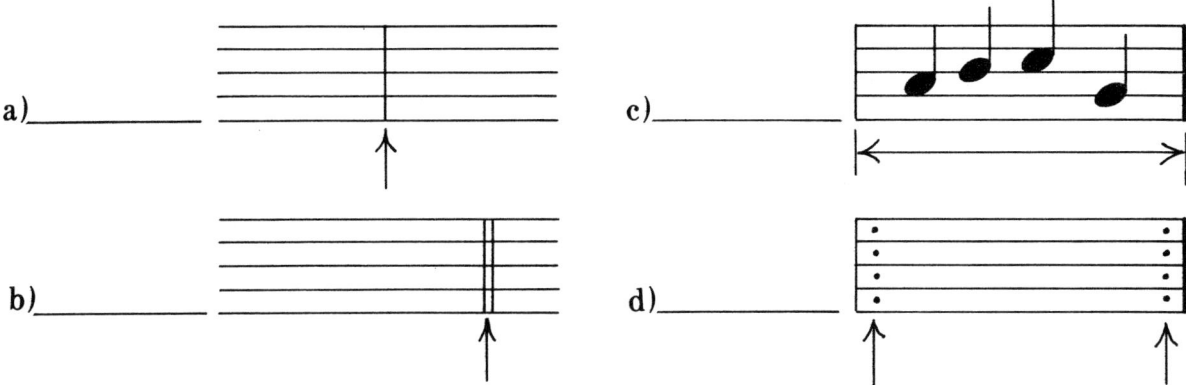

a)_____

b)_____

c)_____

d)_____

3. ¿Qué quiere decir?

𝄊 _____

D.C. _____

Fine _____

4. Ponga el nombre de cada nota encima de ella, en el pentagrama de abajo.

¿Cuál es la frase que usted usa para recordar las notas de la clave de Sol?

_____ _____ _____ _____ _____

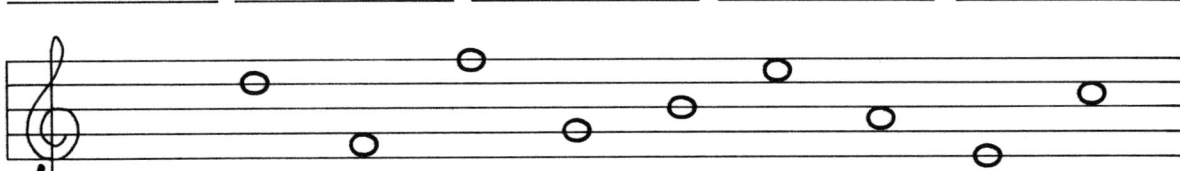

1. Para acostumbrarse a marcar los distintos compases, marque el tiempo de los siguientes himnos. Quizá tenga un poco de dificultad al principio, pero dentro de poco su mano comenzará a obedecerle, no tenga miedo.

   a) Número 74—Dilo a Cristo

   b) Número 157—No lo Hay

   c) No. 1—El aposento alto

   d) No. 152—Bienaventurados los de limpio corazón

2. ¿Qué significa la cifra de arriba en el signo del compás?

   _____

3. ¿Qué significa la cifra de abajo?

   _____

4. ¿Para qué sirve el puntillo?

   _____

5. Puede abrir su himnario y anotar aquí el compás de cada uno de estos himnos:

   Himno 91 _____   Himno 85 _____

   Himno 226 _____   Himno 12 _____

   Himno 150 _____   Himno 115 _____

   Himno 210 _____   Himno 220 _____

   Himno 117 _____   Himno 33 _____

   Himno 11 _____   Himno 10 _____

   Himno 229 _____   Himno 50 _____

EJERCICIOS DE LA LECCION 13
MINISTRANDO CON MUSICA
PRIMERA PARTE

Nombre _____

Fecha _____

1. Ahora vamos a procurar dirigir algunos himnos con calderones:

   No. 68—Libre estoy

   No. 97—Cuando él vino a mi corazón

   No. 197—¡Oh, jóvenes venid!

2. Escriba las líneas divisorias que faltan en los siguientes pentagramas, y luego ponga el nombre de cada nota debajo de ella.

EJERCICIOS DE LA LECCION 16
MINISTRANDO CON MUSICA
PRIMERA PARTE

Nombre _____

Fecha _____

1. ¿Cuántos sonidos distintos tenemos? _____

2. ¿Cuántos de estos sonidos tienen nombre? _____

3. ¿Entre qué tonos hay solamente medio tono? _____

4. Cante usted la escala escuchando los tonos y medio tonos.

5. Ponga las líneas divisorias que faltan en los siguientes pentagramas. *Fíjese* que el segundo pentagrama empieza con una parte de un compás, la otra parte vendrá al final.

1. Observe estas notas en la clave de FA y nómbrelas:

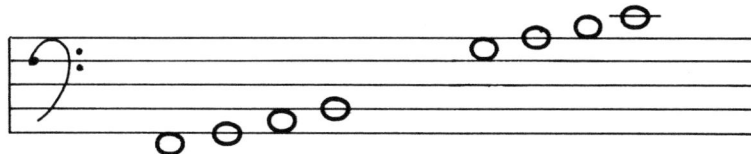

2. ¿Qué hace este signo? ♯ _____

3. ¿Qué tonos señalan las flechas?

4. ¿Qué notas van a llevar bemoles en este trozo de música, o tocarse ½ tono más abajo?

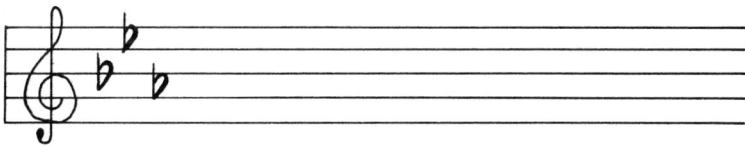

5. ¿Qué hace este signo? ♮ _____

6. Ponga los nombres de las siguientes notas debajo de cada una.

BIBLIOGRAFIA DE LA PARTE II

A. Danhauser	Teoría de La Música	Julio Korn
Tim Grolier	Un Curso de Auto Enseñanza	Teaching Mat. Corp. NYNY
Kenworthy Educational Service	Music Symbols	Ken. Ed. Buffalo
Grams, Betty Jane de	Ministrando con Música I	La Paz, Bolivia
Lemoine, Enrique y Carulli	Solfeo de los Solfeos	Ricordi, B.A. Arg.
Luders, Hans	Nuevo Método Para Acordeón	Matth, Hohner, AG
Quarles, Lemuel	Manual de Música para el Cantor Evangélico	Bautista, B.A. Arg.
Sedlon, J.H.	Sedlon Accordion Method	Sam Fox Publ. Co. Radio City, NYNY
Notas Mimeografiadas	System for teaching acc.	Professional Music
Himnario	Himnos de Gloria	Gospel Publishing House
Himnario	Himnos Inspirados Selectos	Editorial Vida
Pinilla, José	Teoría Completa del Solfeo	B.A. Arg.

MINISTRANDO CON MUSICA—PARTE II

Prólogo

Ya hemos terminado la primera parte del libro *"Ministrando con Música"*, y el alumno debe saber las notas, la escala, el ritmo, el compás y la dirección de himnos. Ya aprendió a tomar un trozo de música para coro y leer y cantar a 4 voces.

En *Ministrando con Música II* estamos siguiendo las enseñanzas básicas de la primera parte. Es muy necesario que el alumno estudie y entienda bien dicha parte.

El propósito de esta segunda parte es enseñar los acordes con sus modos, escalas, armaduras, los tonos de los himnos, y algo de música aplicada. Así uno que no dispone de la oportunidad de asistir a clase en algún conservatorio de música puede estudiar con cuidado estas lecciones y con la ayuda de Dios, aprender a tocar cualquier himno o corito.

El libro está preparado en capítulos y con índice, el profesor o alumno puede buscar en el índice las partes que quiere enseñar o entender. Tal vez algunas cosas no parecen muy prácticas para todos, pero estamos incluyendo todas las fases de la música que en los años de enseñanza en la América Latina han surgido como preguntas en las varias clases.

Quizás sería más fácil administrar algunas inyecciones, y de hecho sabríamos la música, pero lamentablemente la música no se aprende así. La música es idioma, es matemática de sonidos, es ciencia. No vamos a decir que es fácil pero es necesaria. ¡Adelante! Empezaremos con algunas lecciones útiles de teoría, armonía y práctica.

¡Que el Señor le bendiga!

Betty Jane de Grams

CANTICO NUEVO

En la religión de los paganos no hay himnario.

Ni los budistas, ni los mahometanos, y ni siquiera los católicos tienen himnarios. Pero la Iglesia Evangélica ha encontrado una canción nueva. Como dice el Salmo 40:3: "Puso luego en mi boca cántico nuevo, alabanza a nuestro Dios."

¡Antes de la predicación tenía lugar la canción!

Se nos dice en Job 38:7 que mientras Dios ponía la piedra angular y fundaba la tierra, ordenó las medidas de esta creación, que "alababan todas las estrellas del alba, y se regocijaban todos los hijos de Dios". Durante la creación había canción. ¡También en nuestros cultos, tiene grande importancia la música!

¡La canción y la alabanza elevan nuestros espíritus a Dios!

La Biblia nos enseña que hasta el fin habrá música.

En Apocalipsis 5:8-14 dice: "Cantaban un *nuevo cántico*, diciendo: Digno eres...y...nos has redimido para Dios, de todo linaje y lengua y pueblo y nación." Este nuevo cántico de los redimidos solamente pueden cantarlo los lavados en la sangre del Cordero. Ni los ángeles pueden tomar parte en este coro. La Biblia está llena de canción, y el mundo redimido está lleno de canción y alabanza.

Por eso, hermanos, preparémonos mejor para cantar en nuestros cultos alabanzas al Señor, y así estaremos preparándonos para el nuevo cántico de los cielos.

TONOS

Ya hemos aprendido a cantar la escala:

"Do, Re, Mi, Fa, Sol, La, Si, Do." ¡Cantemos!

Nuestro oído lo acepta tal como es, porque ahora nuestro oído está afinado como la escala. En la primera parte, Lección 16, página 25, vemos que se explica que los grados de la escala no guardan igual espacio entre sí, sino que se compone de 5 tonos y 2 semitonos.

La distancia de un tono al otro se compone de 2 semitonos. Entonces podemos mostrar la escala de Do así:

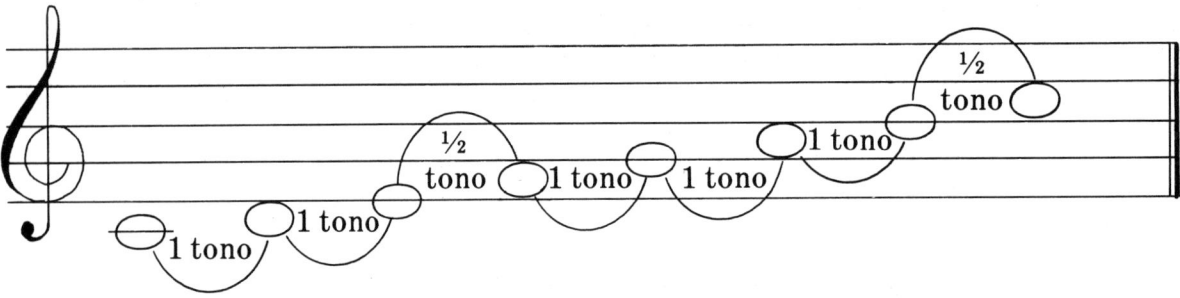

Así la escala mayor tiene una formación de tonos 1 + 1 + ½ + 1 + 1 + 1 + ½.

Aquí vamos a dibujar una escalera mostrando los sonidos, empezamos con Do. De Do a Re hay un tono, de Re a Mi hay un tono; pero de Mi a Fa hay un medio tono, y así continúa.

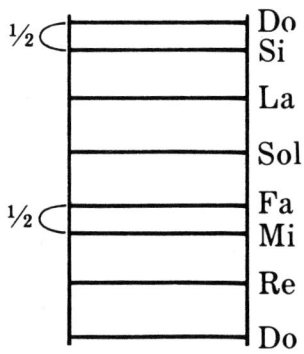

INTERVALOS

La distancia que separa dos sonidos se llama INTERVALO.

Los intervalos se miden por el número de grados que contienen incluyendo el sonido grave y el agudo. El número de grados está expresado por el nombre del intervalo.

El intervalo puede ser ascendente o descendente. El ascendente se mide del grave al agudo. El descendente se mide del agudo (o tono arriba) al grave (abajo). En cualquier himno o coro nuevo siempre empezamos a aprender al fijarnos en los intervalos que suben o bajan las notas. Por ejemplo, en el conocido himno, "Cariñoso Salvador" (11), la primera voz se queda en "la" durante 3 notas, luego baja un intervalo de tercera y después sube un intervalo de segunda. Así se determina también cómo cantar las otras voces, fijándose en cuántos intervalos sube y baja la voz.

La manera de cantar una canción a primera vista o de tocar un corito desconocido es determinar los intervalos entre los tonos, oírlo en la mente, y después solfear, o tocar.

Aquí tenemos un cuadro para ver los intervalos, cantemos sus nombres:

ASCENDIENDO

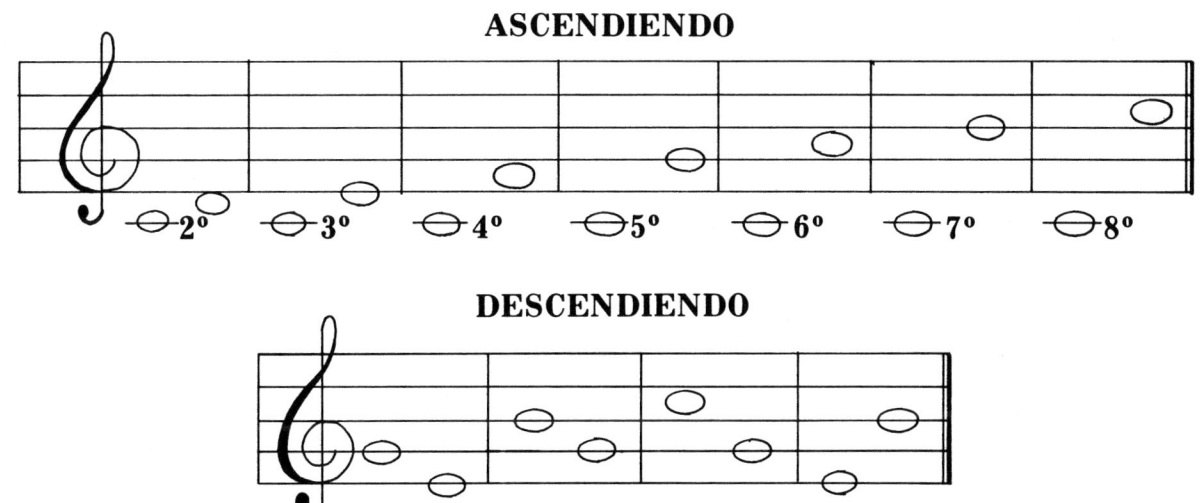

DESCENDIENDO

POSICION DE LAS MANOS

1. La mano izquierda toca las notas hacia abajo del Do central, que se encuentran en la clave de Fa en el piano, o los botones del lado izquierdo en el acordeón.

2. La mano derecha toca las notas de la clave de Sol, que se encuentran arriba del Do central, en el piano o en las teclas del acordeón.

3. El acordeón acostado es igual que el teclado del piano. Si vamos tocando desde el Do central hacia arriba, decimos que estamos "subiendo".

4. En las dos manos el pulgar figura como dedo 1, así:

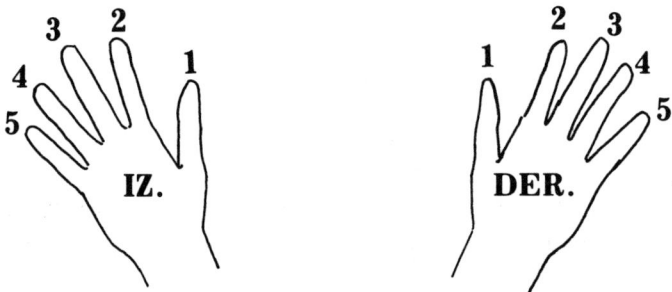

5. Todos los dedos son importantes. Cada uno debe de descansar sobre una tecla. Mantenga la mano curvada como puente con los dedos sobre sus respectivas teclas, listos para tocar.

La yema del dedo tiene cojín para tocar suave, la mano no debe estar tiesa sino firme; no aplanada sino en forma de puente.

Tal vez al principio será bueno marcar qué dedo debe tocar cada tecla, para usar los dedos vecinos y no estar saltando en la mano derecha con solamente dos dedos, como el sistema Colón (buscando, habitando).

ARMADURAS DE LA CLAVE, TONO, O ESCALA

Al principio de todo himno o trozo de música, en seguida después de la señal de la clave de Sol o de Fa, se puede notar un conjunto de bemoles o de sostenidos. Esto sigue a la lección 17 de la página 26 de la primera parte. Está presentado como alteraciones fijas que forman la armadura del trozo de música. Estas alteraciones fijas están en vigencia para todo el trozo de música, y se llama ARMADURA DE LA CLAVE.

Este cuadro nos ayudará especialmente para conocer en qué tono está escrito un himno. También si estamos tocando coritos que tienen el tono anotado al lado, sabremos cuántos accidentales tienen y cuáles son.

NOMBRE ARMADURA	CUANTOS ACCIDENTALES	CUALES SON
Do	ninguno	
Sol	tiene 1 ♯	Fa ♯
Re	tiene 2 ♯	Fa y Do ♯
La	tiene 3 ♯	Fa, Do, y Sol ♯
Mi	tiene 4 ♯	Fa, Do, Sol, y Re ♯
Si	tiene 5 ♯	Fa, Do, Sol, Re, y La ♯
Fa ♯	tiene 6 ♯	Fa, Do, Sol, Re, La, y Mi ♯

CON BEMOLES

Fa	tiene 1 ♭	Si ♭
Si ♭	tiene 2 ♭	Si y Mi ♭
Mi ♭	tiene 3 ♭	Si, Mi, y La ♭
La ♭	tiene 4 ♭	Si, Mi, La, y Re ♭
Re ♭	tiene 5 ♭	Si, Mi, La, Re, y Sol ♭
Sol ♭	tiene 6 ♭	Si, Mi, La, Re, Sol, y Do ♭

ARMADURAS DE LA CLAVE

La armadura, con sus accidentales correspondientes, se encuentra al lado del signo de clave de Sol o de Fa, al principio de cada trozo de música o himno. Los accidentales nos darán el tono, escala o armadura para toda la pieza, y serán efectivos para todo el trozo de música.

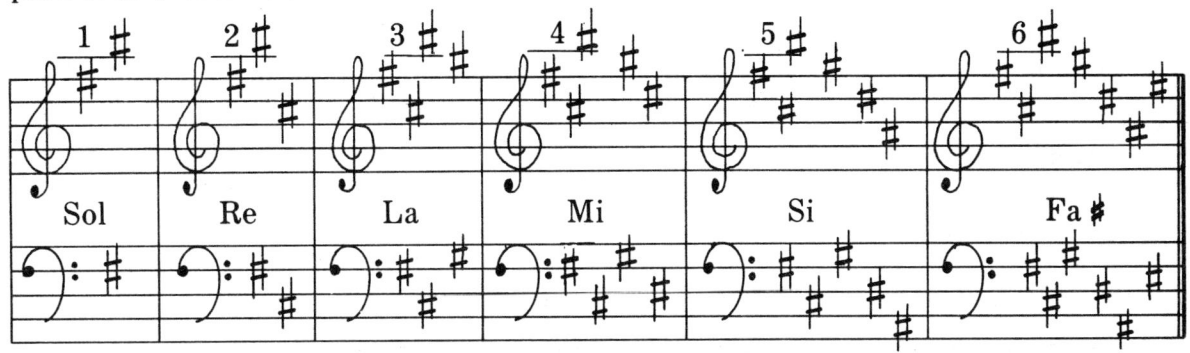

Un himno que está escrito en armadura de:

3 ♯ uno puede tocarlo en 4♭ o La ♭
4 ♯ uno puede tocarlo en 3♭ o Mi ♭
2 ♯ uno puede tocarlo en 5♭ o Re ♭

Si se va a cambiar de tono y se están tocando varios instrumentos, todos deben estar de acuerdo para tocar en el mismo tono.

Algunas reglas que nos ayudarán sobre las armaduras:

1. Un sostenido o bemol en la armadura de clave significa que todas las notas de ese nombre deben ser cantadas o tocadas en bemol o sostenido. No importa en qué octava se encuentren.

63

Entonces en este trozo de música sabemos que cada nota de Fa tiene que ser cantada o tocada 1 semitono arriba; que corresponde a Fa sostenido, o la tecla negra.

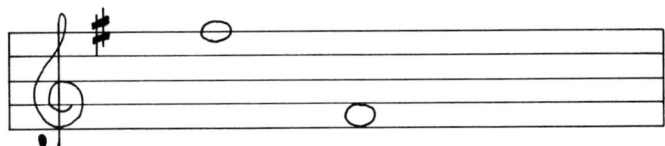

2. Cuando tenemos bemoles en la armadura, el penúltimo bemol nos indicará el tono o la escala en que está escrita la obra.

Así vemos en esta pieza musical que Mi♭ es el penúltimo bemol, así el tono de la escala es Mi♭ cuando tiene 3 bemoles.

3. Cuando tenemos sostenidos en la armadura de clave, le subimos un *semitono* al último sostenido, esto nos da el tono o la escala de la pieza.

En esta pieza musical vemos que el último sostenido está sobre Fa, entonces subimos medio tono hasta la nota de Sol. Entonces con 1♯ el nombre de la escala o tono de la pieza será *Sol*.

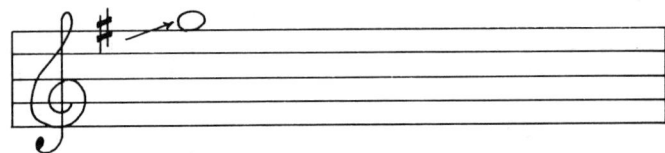

CIRCULO DE QUINTOS (V's)

Como ya sabemos, la escala de "Do" no tiene ningún accidental, sino que sube con todas las notas sobre las teclas blancas.

Ahora quiero darle una ayuda para poder saber en qué tono o armadura estamos, cada vez que agregamos un sostenido o un bemol. Esto se llama el círculo de quintos. Se ve por esta figura que partiendo del "do" y *subiendo* 5 tonos encontramos la primera escala con 1♯ la cual es Sol. Se sigue de esta misma forma, cada vez que sube 5 notas añade un sostenido más, y así sucesivamente.

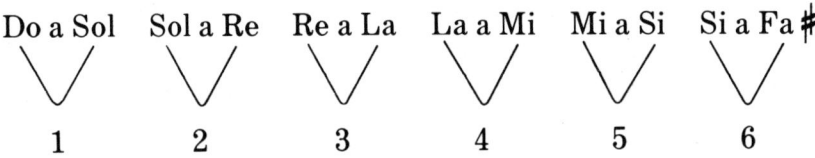

Si *bajamos* de "Do" las 5 notas encontramos la escala con el primer bemol o la escala de Fa, y así sucesivamente:

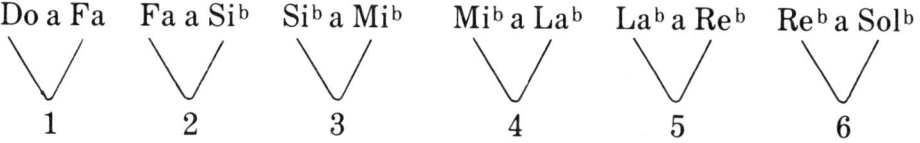

Do a Fa   Fa a Si♭   Si♭ a Mi♭   Mi♭ a La♭   La♭ a Re♭   Re♭ a Sol♭

   1   2   3   4   5   6

Las escalas de bemoles y sostenidos tienen un *punto* de *intersección.*

Sol♭ y Fa# son la misma nota y se llaman *Escalas Relativas.*

Esto es una ayuda, pero no es necesario entenderlo para poder seguir con la música.

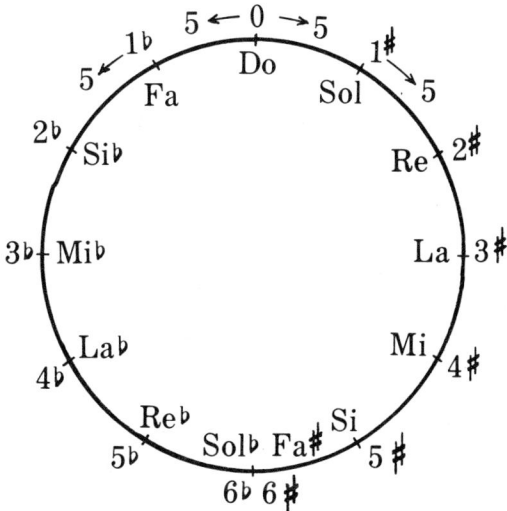

FORMACION DE ESCALAS

Podemos empezar una escala mayor sobre cualquier nota del teclado. Es necesario entender la formación de las escalas y practicarlas para tener ligereza en los dedos. Después podemos avanzar a las formaciones de acordes. El patrón para la escala mayor es así:

$$1 \text{ tono} + 1 + \tfrac{1}{2} + 1 + 1 + 1 + \tfrac{1}{2}$$

Estos son ejemplos de la escala *DIATONICA* (viene del Griego, Dia quiere decir por, y tonos, tono.)

En cada una de estas escalas siempre hay 1 semitono entre los grados 3—4 y 7—8.

La escala Diatónica está compuesta por tonos en mayoría y cada nota tiene un nombre distinto.

Ahora se darán las escalas más usadas. Es mucho para una lección, pero es para futuras referencias a medida que se vaya usando y entendiendo la música.

Siempre el dedo 3 y el pulgar 1 son los columpios o puntos de apoyo para pasar de una tecla a otra.

Ahora se van a incluir las escalas con los respectivos números de dedos para practicar. (Recuerde que el pulgar es el dedo 1.) Incluiremos las escalas hasta 5 bemoles y 4 sostenidos que son las más usadas en el himnario.

Se puede notar que la posición de la mano y uso de los dedos en las escalas con sostenidos mantienen la misma formación, pero cambia mucho con bemoles para no usar el pulgar sobre una tecla negra.

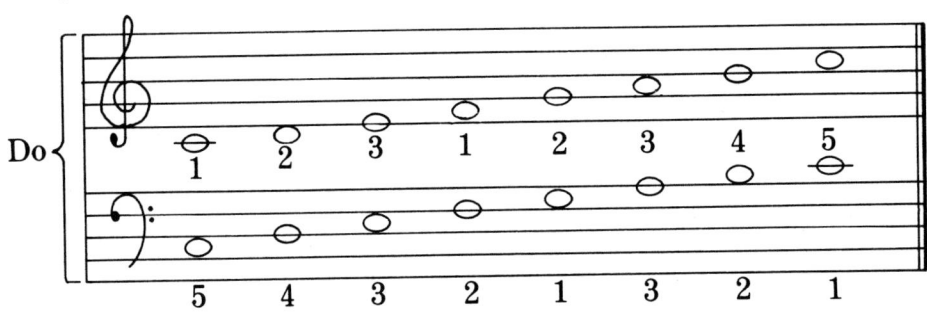

ESCALAS CON SOSTENIDOS
(Los dedos para las escalas están indicados con los números—bajando, al revés)

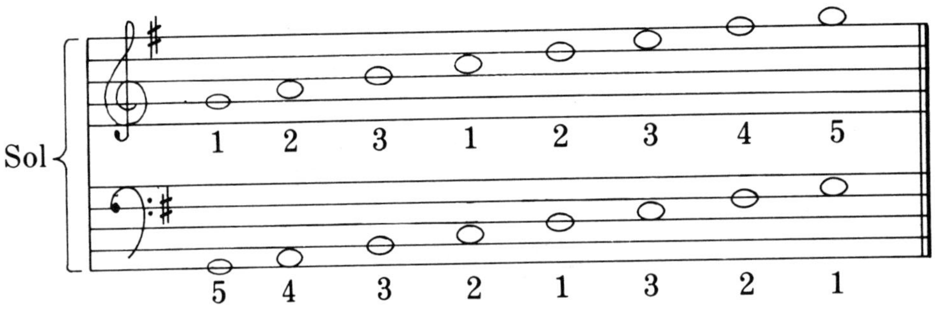

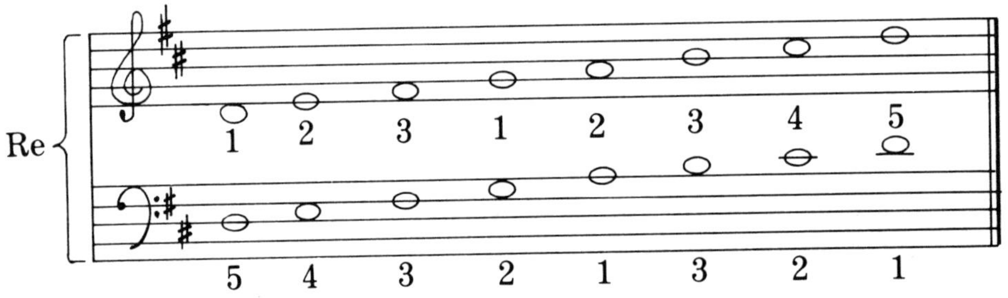

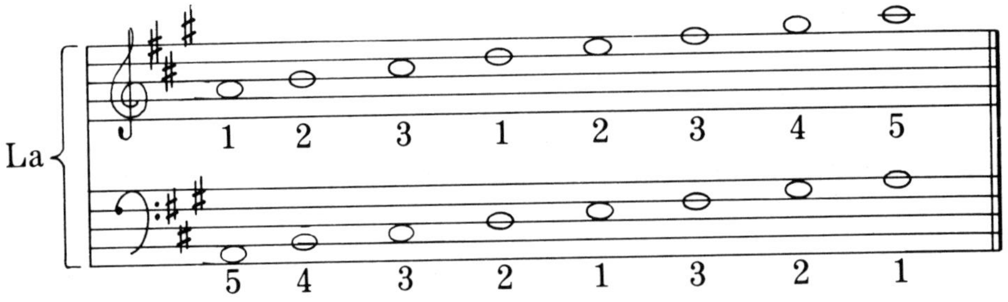

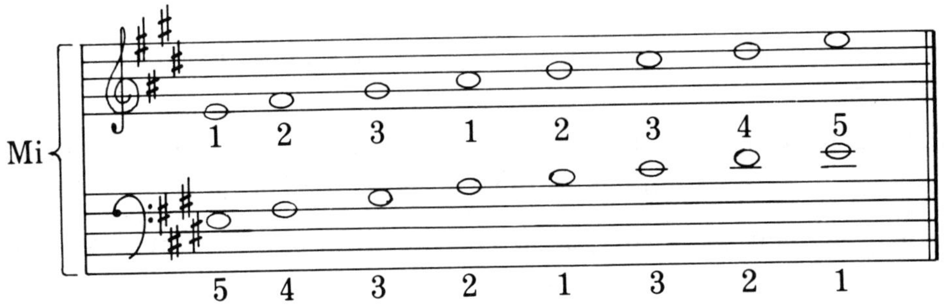

ESCALAS CON BEMOLES

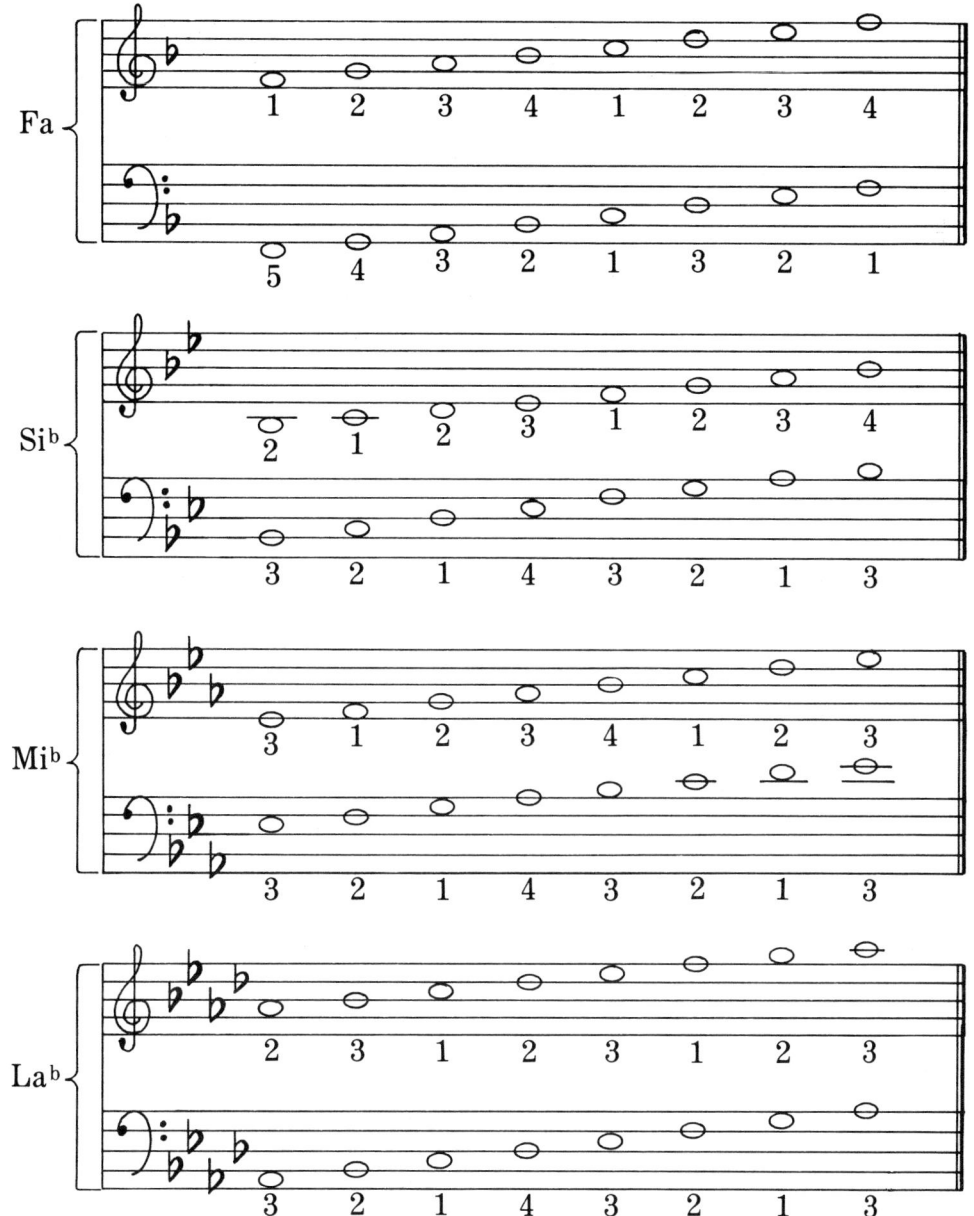

(Nota:) Hay una regla para tocar las escalas: no se puede usar el pulgar sobre ninguna tecla negra en una escala.

El dedo 4º de la mano derecha siempre cae sobre Si♭ y el pulgar pasa por debajo.

ESCALA CROMATICA

La escala *Cromática* es la escala que encierra los 12 tonos, subiendo por semitonos, guardando igual espacio entre cada nota (no como la escala diatónica que se forma de tonos y semitonos y es templada al oído).

Sabemos que Do♯ es la misma nota que Re♭, su tonalidad es la misma pero se escribe diferente. Aquí vamos a poner la escala cromática subiendo con el uso de sostenidos y bajando con el uso de bemoles.

ESCALA MENOR

Hay otra escala, la escala menor, y para formarla se bajan los tonos números 3 y 6 medio tono del tono de la escala mayor.

NOMBRE DE LOS GRADOS DE LA ESCALA

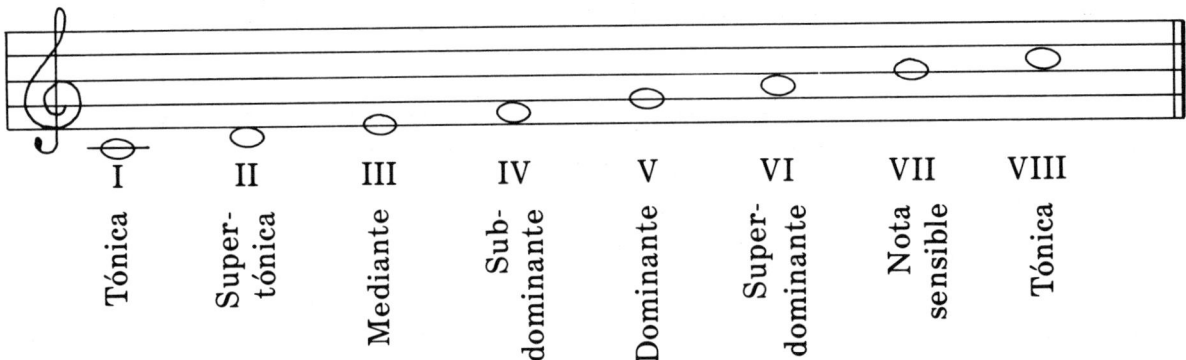

I	II	III	IV	V	VI	VII	VIII
Tónica	Super-tónica	Mediante	Sub-dominante	Dominante	Super-dominante	Nota sensible	Tónica

ACORDES

Una pregunta que surge en las clases, es ¿qué se hace con todas estas notas o pelotas una encima de la otra? Sugerimos que abra su himnario o una pieza de música y verá que se escriben 2 notas arriba en la clave de Sol y dos notas abajo en la clave de Fa. Esto se llama un acorde, y sus notas se tocan simultáneamente. Cada una de estas notas es muy importante y ya que las sabe leer debe tomar sumo cuidado en leerlas bien y tocarlas como están escritas. La diferencia de una sola nota puede cambiar todo el carácter del acorde.

CLASES DE ACORDES

Hay varias clases de acordes: mayor, menor, dominante séptimo, disminuido y aumentado. Al momento vamos a estudiar la formación del acorde mayor y procurar entenderlo para usarlo.

ACORDE MAYOR

Podemos formar un acorde mayor sobre cualquier tono de la escala. Usamos una formación de 2 tonos + 1 y medio, (ya hemos establecido que un tono entero consiste en dos semitonos).

Haremos aquí el acorde mayor formado sobre "Do".

De Do a Mi hay 2 tonos
De Mi a Sol hay 1 y medio

Acorde mayor en 1ª posición

Si hay un acorde que tiene las 3 notas Do, Mi, Sol, no importa en qué clave se encuentren, ni el orden que tengan, siempre es *acorde de Do*.

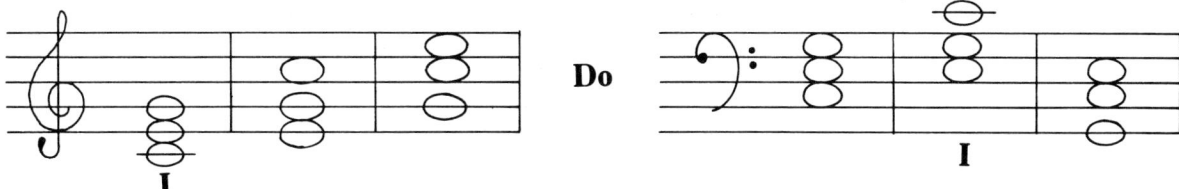

El *acorde mayor* es un acorde alegre y de movimiento, y se usa mucho en nuestra música.

En cada escala hay la posibilidad de hacer un acorde sobre cada nota, pero de estos acordes hay solamente 3 ACORDES MAYORES EN CADA ESCALA. Estos acordes están formados sobre los tonos I—IV—y V de cada escala.

(No olvide que la formación de un acorde mayor consiste de 2 tonos + 1½ tonos)

Entonces empezando con la escala de Do, los tres acordes son:

Sobre Tono   I   —   Do, Mi, Sol
      Tono IV   —   Fa, La, Do
      Tono V   —   Sol, Si, Re

Estas notas se pueden encontrar en cualquier posición, pero todavía es el mismo acorde. Por ejemplo, podemos tocar Do, Mi, Sol, juntos—Podemos tomar el "Do" de abajo y ponerlo encima, Mi, Sol, Do. Podemos tomar el Mi de abajo y ponerlo encima, Sol, Do, Mi.

Los tres son el mismo acorde, solamente su posición puede variar, o la octava de cualquiera de las notas se puede usar con las mismas notas.

Uno puede tocar un acorde en una mano y su octava entera en la otra, porque pertenecen al mismo acorde.

Aquí vamos a poner el acorde mayor formado sobre cada una de las 12 notas de la escala Cromática (véase página 67.) Siempre su formación es 2 tonos + 1½ tonos, abajo se encuentra el nombre de la escala en la que este acorde es su primer acorde o *TONICO*.

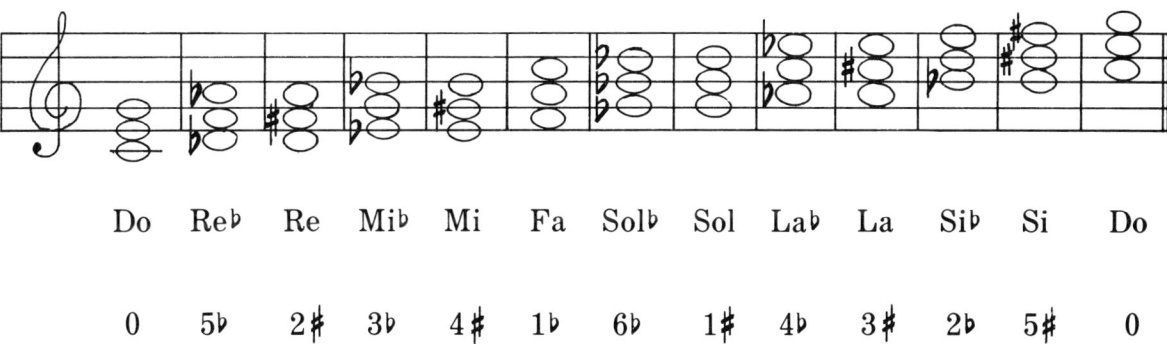

Do	Reb	Re	Mib	Mi	Fa	Solb	Sol	Lab	La	Sib	Si	Do
0	5b	2#	3b	4#	1b	6b	1#	4b	3#	2b	5#	0

PALABRAS DE ALIENTO

Tal vez le parezca que estamos incluyendo mucho material en este libro, y quizá algunos no lo entenderán todo, pero queremos mencionar que este libro tiene varios propósitos. Uno es servir como libro de texto para nuestros Institutos Bíblicos en la América Latina. Otro propósito es el de ayudar a los hermanos que se encuentran lejos de los centros de estudio, sin el privilegio de tener un maestro para seguir guiándolos en la música. En Bolivia hemos visto hermanos que han tomado lo poco que fue puesto a su disposición, y llevándolo a sus iglesias alejadas de la ciudad, han seguido practicando y estudiando.

Estoy procurando incluir todas las ayudas posibles para que quien preste atención pueda llegar a entender y dominar la música. La música no es fácil y nadie debe pensar dominarla sin practicar para ligereza en las manos, o sin orar para que Dios le abra la inteligencia.

En el libro de Génesis 4:21, se nos dice que en el linaje de Caín, su posteridad incluyó a un hombre llamado Jubal, quien fue padre de la música práctica y de las bellas artes. Si en una civilización tan avanzada pero tan perversa como la de Caín había quienes utilizaban la música, cuanto más nosotros debemos aprender a usarla para la gloria de Dios. El Salmo 150 nos da la exhortación de usar todos los instrumentos musicales para el agrado y alabanza a Dios. "Todo lo que respira alabe a Jehová." Así que, hermanos, es la voluntad de Dios el uso de la música.

En los cultos evangélicos se usan muchos coritos, y para muchos de ellos no se encuentra la música escrita en ninguna parte. ¿Cómo vamos a poder acompañarlos? Si un hermano le dijera que vamos a cantar un nuevo corito que se encuentra en el tono de "Do". ¿Cómo le puede acompañar?

Vamos a procurar explicarlo de una manera fácil y sencilla para su uso. Si usted tiene el privilegio de tener un maestro para ayudarle, mucho mejor, pero si no lo tiene siga las instrucciones practicando, leyendo y orando, y esperamos que pronto lo podrá dominar.

METODO DE TOCAR CORITOS

Mirando a las páginas 66 y 67 vemos que allí tenemos todas las escalas o posibilidades de tonos. Hay que practicar éstas para entender cuántos accidentales tiene cada una.

En la página 69 se estudian los 3 acordes básicos para cada tono. Para ayudarle más vamos a poner aquí los 3 acordes mayores de los tonos más usados en himnos o coritos; esto será hasta 5♭ y hasta 3♯.

(Tome nota que el acorde Do, Mi, Sol se usa como acorde I en tono de Do, es V en tono de Fa y IV en tono de Sol.)

También el acorde, Fa, La, Do es   I en Fa
                        IV en Do
                        V en Si♭

(Así cuando uno aprende los 3 acordes de 1 tono, los va a usar en otros tonos también.)

Así son los 3 Acordes en cada tono

Se sugiere al alumno tomar su himnario y marcar los acordes debajo de las notas de la clave de Fa. Hay que recordar que se lee todo el acorde desde la nota de abajo en la clave de Fa hasta la nota de la primera voz en la clave de Sol. Si los acordes están marcados entonces no tienen que leer cada nota individualmente. Utilizando la escala de Do damos el ejemplo de las varias posiciones en las cuales se puede encontrar cada acorde básico.

El acorde de Do se compone de Do, Mi, Sol, no importa la posición.
El acorde de Fa se compone de Fa, La, Do, no importa la posición.
El acorde de Sol se compone de Sol, Si, Re, no importa la posición.

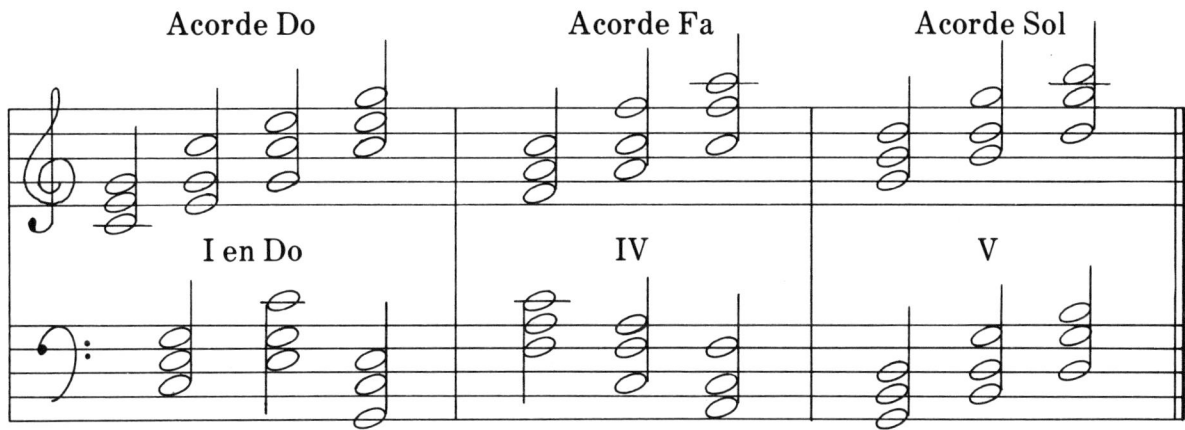

ARPEGIO

Si uno toca o canta las notas del acorde, no simultáneamente, sino una después de la otra, en su orden, esto se llama *Arpegio*. Se puede utilizar en la mano izquierda como acompañamiento.

Cualquier acorde se puede convertir en un arpegio en ambas manos. Busque en un himnario el himno: *"Cristo la tumba venció."* En el coro se principia con un arpegio. Ahora lo va a encontrar en muchos himnos. El acorde abierto es el arpegio.

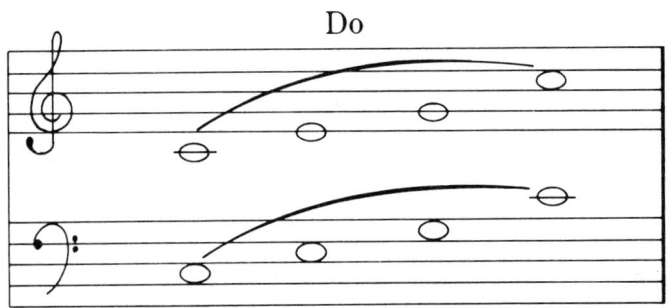

Ahora vamos a escribir la melodía de dos coritos, poniendo debajo de cada compás qué acorde se va a combinar con la mano izquierda. En este primer corito se nota que empieza en la nota de Do y que va a usar el acorde de Do en la mano izquierda. Casi siempre un coro o himno empieza con una de las 3 notas del acorde I o tónico.

HE DECIDIDO SEGUIR A CRISTO

Así se ve que con los 3 acordes se puede tocar este corito.

Ahora veremos un corito que no empieza en la nota "Do". A pesar de que su tono de escala es "DO", este corito empieza en "Sol" (con todo el acorde de Sol).

YO VIVO SEÑOR PORQUE TU VIVES

"Pasa por Aquí, Señor," es un corito fácil para principiar en DO.

En los libros de coritos siempre se dice al principio qué tono se usa. Por ejemplo: Libertad, libertad, dice "Do". Yo amo a Cristo, dice "Si♭". Allá en el cielo, dice "Fa". Demos gracias al Señor, dice "Re". Soy feliz, Cristo me salvó, dice "La♭", y Santo Espíritu, llena mi vida, dice "Mi♭".

Primeramente, toque el acorde número I de su tono, de esto se puede escuchar si el corito empieza en la primera nota del acorde, Do, en Mi o en Sol. Escuchando la melodía se puede seguir los tonos de la melodía subiendo el número de intervalos o bajando como va la melodía. Utilice los 3 acordes básicos, cambiando cuando la nota cambia a una nota de otro acorde.

TABLA DE ACORDES MAYORES EN CADA TONO

Escala de Do   (0)

   I Do Mi Sol
  IV Fa La Do
   V Sol Si Re

Escala de Fa   (1♭)

   I Fa La Do
  IV Si♭ Re Fa
   V Do Mi Sol

Escala de Si♭   (2♭)

   I Si♭ Re Fa
  IV Mi♭ Sol Si♭
   V Fa La Do

Escala de Mi♭   (3♭)

   I Mi♭ Sol Si♭
  IV La♭ Do Mi♭
   V Si♭ Re Fa

Escala de La♭   (4♭)

   I La♭ Do Mi♭
  IV Re♭ Fa La♭
   V Mi♭ Sol Si♭

Escala de Re♭   (5♭)

   I Re♭ Fa La♭
  IV Sol♭ Si♭ Re♭
   V La♭ Do Mi♭

Escala de Sol   (1♯)

   I Sol Si Re
  IV Do Mi Sol
   V Re Fa♯ La

Escala de Re   (2♯)

   I Re Fa♯ La
  IV Sol Si Re
   V La Do♯ Mi

ACORDES MENORES

El acorde menor suena descansado, lento, melancólico al oído. Este acorde se forma con 1½ tonos + 2 tonos. Se ve que está escrito igual que el acorde mayor, con la diferencia que el tercer intervalo, o nota del medio del acorde, está bajada ½ tono. De Mi a Mi♭ en Do menor. De Fa♯ a Fa ♮ en Re menor.

Do menor — 2 tono — 1½

Re menor. — 2 tono — 1½

Los acordes menores se usan mucho en la música en la América Latina, por ejemplo —*QUIERO SERLE FIEL*, página 18, Voces de Júbilo.

Se oye que es una música más típica. El acorde I es Do, Mi♭, Sol. Do menor lleva 3♭ en su armadura.

QUIERO SERLE FIEL
Do Menor

¿COMO DECIDIR SI EL MODO ES MAYOR O MENOR?

1. Mirando el acorde primero y el acorde último de un trozo de música.

2. El acorde menor es un intervalo de una tercera debajo de su acorde o escala mayor.

3. Ya sabemos que la formación del acorde mayor es 2 tonos + 1½ tono y que el acorde menor es 1½ + 2 tonos.

4. Vamos a aprender esta tabla:

0 accidental puede ser	*tono de* Do Mayor	o La menor
1♯ puede ser	Sol Mayor	o Mi menor
2♯ puede ser	Re Mayor	o Si menor
1♭ puede ser	Fa Mayor	o Re menor
2♭ puede ser	Si♭ Mayor	o Sol menor
3♭ puede ser	Mi♭ Mayor	o Do menor
4♭ puede ser	La♭ Mayor	o Fa menor

Estas son las escalas Mayores y sus relativas menores.

Conforme a esta tabla podemos entender que si la armadura de un himno tiene 3♭ puede ser que esté escrito en Mi♭ Mayor o en Do menor. Entonces uno tiene que mirar al acorde final. Si este acorde tiene las notas Mi♭ Sol Si♭, sabemos que el himno está en el tono de Mi♭ Mayor. Si este acorde final se compone de las notas Do Mi♭ Sol, entonces sabemos que está en Do menor, relativa de Mi♭ mayor.

Si la armadura tiene 2♭, miraremos el último acorde, si este tiene las notas Si♭ Re Fa, entonces está en el tono de Si♭ Mayor, pero si tiene las notas Sol Si♭ Re, sabemos que su tono es Sol menor.

Para todas las armaduras se sigue el mismo sistema.

ACORDES MENORES BASICOS

La regla de 3 acordes básicos en cada trozo de música formados sobre los tonos I, IV y V, también se aplica en los modos menores. Los acordes formados sobre I y IV son acordes menores, pero el formado sobre el V es un acorde Mayor que tiene 2 tonos + 1½.

Aquí les vamos a ayudar con los 3 acordes básicos en las 7 armaduras más comunes en su himnario de coritos.

0 Accidentales—La menor

I La Do Mi
IV Re Fa La
V Mi Sol♯ Si

1♯—Mi menor

I Mi Sol Si
IV La Do Mi
V Si Re♯ Fa♯

2♯—Si menor

I Si Re Fa♯
IV Mi Sol Si
V Fa♯ La♯ Do♯

1♭—Re menor

I Re Fa La
IV Sol Si♭ Re
V La Do♯ Mi

2♭—Sol menor

I Sol Si♭ Re
IV Do Mi♭ Sol
V Re Fa♯ La

3♭—Do menor

I Do Mi♭ Sol
IV Fa La♭ Do
V Sol Si Re

4♭—Fa menor

I Fa La♭ Do
IV Si♭ Re♭ Fa
V Do Mi Sol

En el Himnario de Editorial Vida, *"HIMNOS INSPIRADOS SELEC-TOS"* vemos varios himnos en tonos menores porque son netamente canciones de América Central. Si tiene este himnario, puede mirar los siguientes números, y aún marcar en su libro:

  6 Re menor cambia a Fa Mayor en el coro
 10 Do♯ menor (relativa a Mi Mayor, 4♯)
 21 Fa menor
 25 Mi menor
 84 Mi menor
128 La menor que cambia a Do Mayor en el coro
167 Re menor
213 Do menor

Otros ejemplos de Coritos en el modo menor son:

Cristo es la Peña de Horeb	Do menor
Venid a mí dice el Señor	Sol menor
Oh, Cristo anhelo agradarte	Do menor
Marcharé con Jesús	Fa menor
Juventud para Cristo	Re menor

En Bolivia imprimimos un nuevo libro de himnos y coros en Aymará. En este libro hemos anotado en cada número el tono en que está escrito. De esta manera conocemos los acordes para el tono y podemos tocar los himnos siguiendo la melodía al oído.

Muchos de los números están en modo menor porque son escritos por los mismos hermanos de habla Aymará. Su música autóctona se compone de la escala de 5 tonos, en vez de tonos y medio tonos de la escala templada. La tabla en la página 75 les ayudará a conocer cuáles acordes básicos usar. Si el himno dice estar en Fa menor, usted puede encontrar los acordes para seguir aquí en esta tabla.

ACORDE DE SEPTIMA DOMINANTE—V7

Hay un acorde que se usa mucho en los coritos e himnos para darles más carácter. Este se llama el acorde de dominante y se escribe V7. Se compone de 4 tonos y está formado sobre el Quinto tono (V) de cada escala, añadiendo la séptima encima del mismo acorde V, o 1½ tono encima del Acorde V de cualquier escala.

En el tono de "Do" el quinto acorde es Sol, Si, Re, y el séptimo tono encima será "Fa". Así estas cuatro notas forman el acorde de séptima dominante de Do. Este acorde siempre se resuelve, llevando hacia el Acorde I o el Tónico de cada escala, aquí será hacia Do, Mi, Sol.

Para reconocer este acorde rápidamente observamos si hay 2 notas vecinas juntas en un acorde de cualquier himno o corito, como Fa y Sol, Si♭ y Do, o Mi♭ y Fa. Si las vemos en el mismo acorde, seguro que éste es un acorde V7. En casi todo trozo de música el acorde penúltimo será un V7 para llevar el trozo a descansar con I.

Puede mirar en su Himnario de Gloria, Himno 1, el acorde Do, Mi, Sol, Si, es el V7; en el himno 2 el acorde Fa, La, Do, Mi♭, es el V7 de la escala de Si♭; en el himno 11, el acorde Do, Mi, Sol, Si♭, es el V7 de la escala de Fa; en el himno 118 el acorde Sol, Si, Re, Fa, es el V7 de la escala de Do. Como ve, se usan todos estos acordes como el acorde penúltimo de la pieza de música.

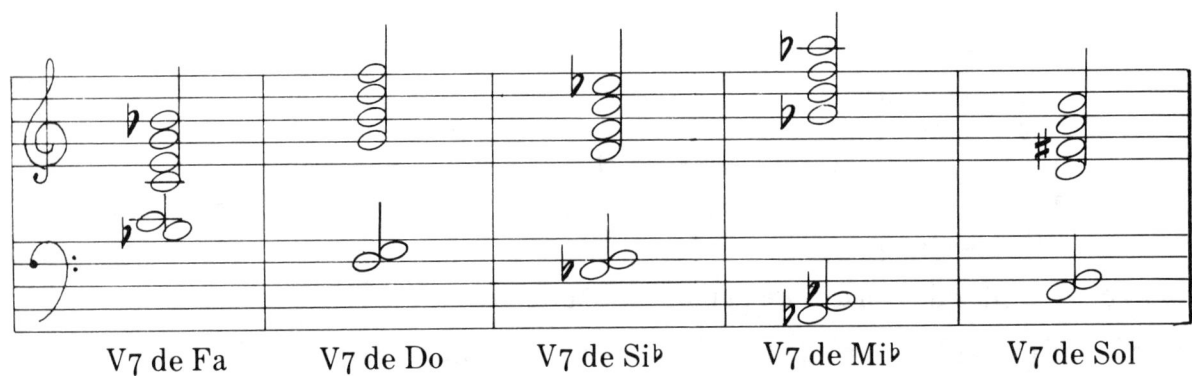

V7 de Fa   V7 de Do   V7 de Si♭   V7 de Mi♭   V7 de Sol

Al tocar el acordeón este acorde se toca en la mano izquierda con el botón de la quinta fila, o 3 botones detrás del botón que da su nota en la fila de bajo.

ACORDE DISMINUIDO

Hay otro acorde que figura entre las clases de acordes, y es muy bonito. Se llama *disminuido*. Este acorde se forma con 4 notas y siempre se mantiene del mismo tamaño, se hace así: 1½ tono + 1½ tono + 1½ tono. No importa cómo lo cambie, siempre tiene la misma forma de 1½ tonos entre cada nota. Hay solamente 3 acordes disminuidos diferentes a pesar que se pueden escribir cambiando los bemoles o sostenidos, y poniéndolos en diferentes posiciones, pero las notas de las cuales se compone son las mismas:

Do   Mi♭   Sol♭   La

Re♭   Mi   Sol   Si♭

Re   Fa   Sol♯   Si

Para reconocer este acorde rápidamente, hay una regla: Si hay 2 alteraciones accidentales *escritas* en un solo acorde, es casi seguro que el acorde es *"disminuido"*.

Para tocar este acorde en el bajo del acordeón con la mano izquierda se encuentra en la sexta fila de botones en un acordeón de 120 bajos.

No olvide que los acordes se leen de abajo hacia arriba.

Buscaremos algunos acordes disminuidos en nuestro himnario "Himnos de Gloria". Se encuentran en el coro del número 99 y en los números 195, 106, 203, 178.

Aquí vamos a dar algunos ejemplos del acorde disminuido. Se ve que cada acorde tiene 2 accidentales escritos:

195 y 99 — Re Fa Sol♯ Si

106 — Re Fa La♭ Si

178 — Do♯ Mi♭ Sol Si♭

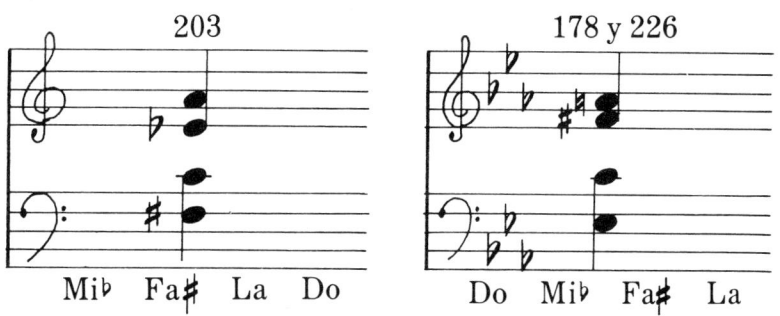

203 — Mi♭ Fa♯ La Do

178 y 226 — Do Mi♭ Fa♯ La

77

FUNDAMENTALES MISCELANEOS—VARIOS

1. Nombres de los grados de la escala

Cada nota en la escala tiene nombre:

1er grado se llama Tónico—sonido principal, el más importante.

2do grado se llama supertónica.

3er grado se llama mediante, se encuentra entre tónica y dominante (V).

4to grado se llama subdominante, uno debajo de dominante.

5to grado se llama dominante, segundo en importancia.

6to grado se llama superdominante, uno arriba de dominante.

7mo grado se llama nota sensible, lleva hacia la tónica.

8vo grado se llama octava o tónica.

2. Semitono diatónico y cromático

El semitono diatónico es el que existe entre dos notas de nombres distintos.

El semitono cromático es el medio tono que existe entre dos sonidos distintos de la misma nota usando alteración.

Semitono Diatónico   Semitono Cromático

3. Señales de compases simples

Esta señal como una C grande significa que el compás de este trozo de música es 4/4.

C ¢ Si está cortado con una barra significa que el ritmo aumenta en la pauta llevando casi el doble de rapidez. Se usa en una banda en la marcha para indicar el ritmo cortado, o compás doble, y el aumento del paso de marcha.

4. Doble bemol—Es posible poner dos bemoles al lado de una nota, esto significa que la nota se baja dos semitonos o un tono entero. (Himnos de Gloria 156, 222.)

5. Doble sostenido—Es posible tener una señal que signifique dos sostenidos, esto significa que se sube 2 semitonos o un tono entero (113 en 2ª voz, confiar)

6. Octava—Esta es una señal que se encuentra en las partes de acompañamiento. (Ver el himno 122.) Si el—está escrito abajo, significa que las notas escritas se van a tocar una octava más abajo. Si el—está escrito encima, significa que las notas se van a tocar una octava más arriba. Así se evita la necesidad de leer notas escritas sobre muchas líneas adicionales.

7. **Cambio de compás**—A veces vemos himnos escritos en 12/8 (Ver el número 91 de Himnos de Gloria). Como las 12 pautas no se pueden marcar con las manos, podemos cambiar los 12 ritmos por 4 ritmos, dividiendo el 12 por 3 como si fueran tresillos. Entonces lo dirigimos moviendo la mano como en el compás de 4/4, porque 3 entra en 12 cuatro veces.

En cualquier himno o trozo de música donde el número de arriba se divide por 3, se puede usar el compás simple como ritmo para dirigir, por ejemplo 6/8 lleva el ritmo de 2 ritmos en cada barra. 9/8—3 ritmos   12/8—4 ritmos. (Himnos 115, 226, 150, 140, 91.)

LECCION PRACTICA PARA ACORDEON

El acordeón se llama "acordeón a piano" porque la parte de la mano derecha, que tiene las teclas, es igual que la parte del piano para la mano derecha desde Do central hacia arriba. Mirando a la primera parte de este libro, vemos el cuadro del teclado del piano, con la formación de 5 notas negras entre 7 notas blancas. Las negras están en grupos de 2 y 3, 2 y 3, 2 y 3. La nota blanca debajo del grupo de dos notas negras siempre es "Do". Así subiendo en el orden de la escala que ya sabemos, Do, Re, Mi, Fa, Sol, La, Si, Do—se sube cada tecla blanca sucesivamente.

Hay que ver la página 66 de este libro y empezar con los dedos señalados con la mano derecha, estudiando y practicando a la vez. También en la página 67 está anotado qué dedo se ha de usar para cada nota de todas las escalas.

Ahora miraremos al lado izquierdo que tiene botones. Hay un botón o una piedra casi al medio del acordeón en la segunda fila que tiene un hueco. Este botón es *DO*. Desde éste tomamos la dirección para guiarnos. Este botón se llama bajo fundamental y se toca con el dedo 3, y el botón detrás es su acorde completo de "do".

El siguiente es su acorde menor. Detrás en la 4ª hilera o fila de "Do" están los acordes de séptima dominante (V7). En la sexta y última fila están los acordes disminuidos. La primera fila delante de "Do" es el contra-bajo que actualmente es la tercera nota del acorde I de la fila del bajo fundamental.

Si se sube con la mano, los acordes van subiendo con el círculo de V's que hemos estudiado en la página 65 , y cada botón subiendo da una escala que contiene sostenidos. De Do, si sube 1 es Sol con 1♯, sube 1 es Re con 2♯, sube 1 es La con 3♯, sube 1 es Mi con 4♯.

Los botones bajando de Do, van *bajando* el círculo de quintos de bemoles—Baja 1 de Do es Fa con 1♭, baja 2 de Do es Si♭ con 2♭, baja 3 de Do es Mi♭ con 3♭, baja 4 de Do es La♭ con 4♭, baja 5 de Do es Re♭ con 5♭ como tono de la armadura.

BOTONES DEL ACORDEON

Para tocar los botones en el bajo, debe leer todos los acordes completos del himno o corito, marcando en su himnario los nombres de los acordes, especialmente de la clave de Fa, porque éstos son los que se tocan con la mano izquierda.

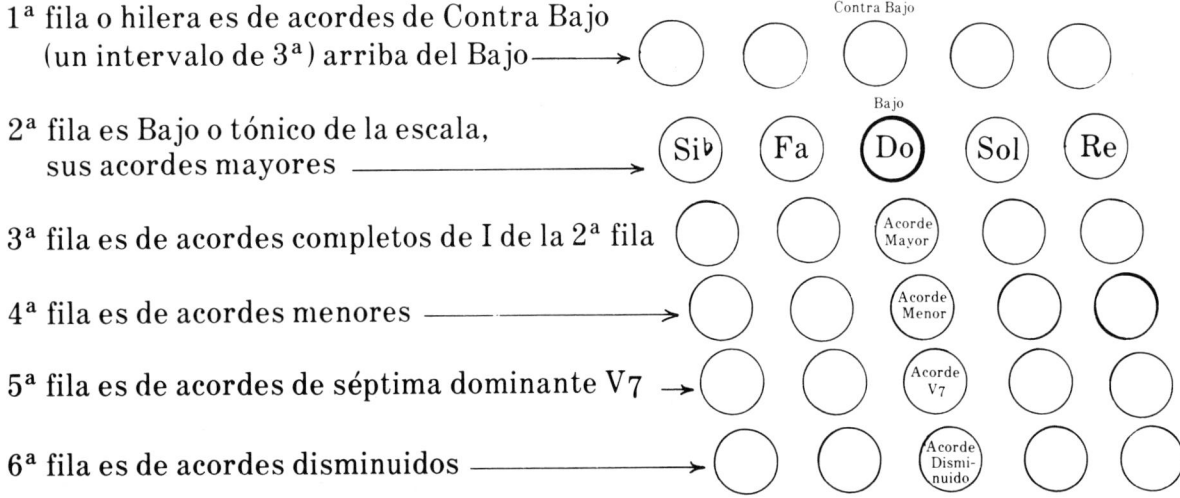

1ª fila o hilera es de acordes de Contra Bajo
 (un intervalo de 3ª) arriba del Bajo ——→

2ª fila es Bajo o tónico de la escala,
 sus acordes mayores ——————→

3ª fila es de acordes completos de I de la 2ª fila

4ª fila es de acordes menores ——————→

5ª fila es de acordes de séptima dominante V7 →

6ª fila es de acordes disminuidos ——————→

Es muy importante contar bien el ritmo y mantener el ritmo del compás con la mano izquierda. Si el himno tiene ritmo de 2/4, 4/4, o 12/8.

El ritmo de la mano izquierda se toca así:

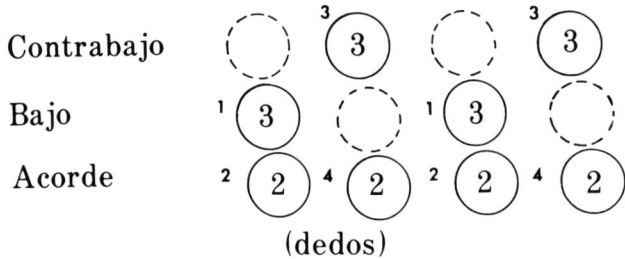

(dedos)

Si tiene ritmo de 3/4, 6/8, 9/8 se toca el ritmo así:

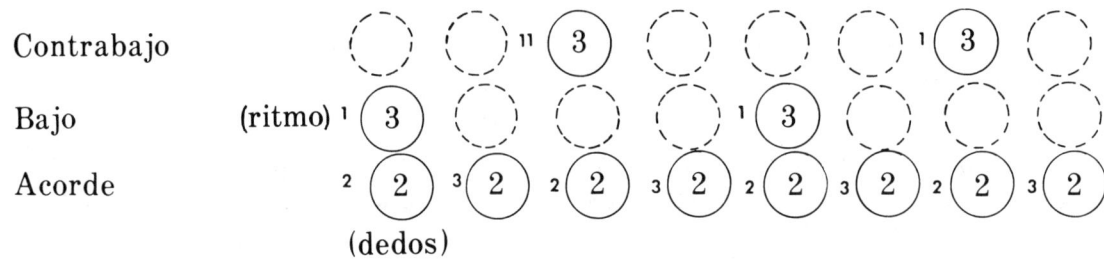

(dedos)

80

Acordes en el Acordeón

Cada escala tiene tres acordes básicos, el I, IV y V. Estos mismos acordes son los botones vecinos en la mano izquierda. Por ejemplo, en el tono de Do, se encuentra el botón de "DO" en la 2ª fila, éste es su bajo, tónica o I. El botón a su izquierda es acorde de Fa o IV acorde. El botón a su derecha, subiendo, es el acorde de Sol, o V acorde. Para tocar la mano izquierda de los himnos o coritos, se busca la tónica y se toca:

Do, acorde, acorde

Sol, acorde, acorde

Fa, acorde, acorde

Y así sucesivamente para cada escala. Los botones a cada lado arriba y debajo de cada botón son sus acordes IV y V.

LA ESCALA EN LA MANO IZQUIERDA

En este curso se da armonía, enseñanza práctica, y muchas otras enseñanzas, pero usted tiene que practicar, o de nada le valdrá. Así que no se desanime. La música no se aplica con inyecciones, sino se aprende por estudiar, practicar y orar.

Ahora queremos aprender la manera de tocar la escala en la mano izquierda del acordeón:

Fila de Contrabajos: (La)6 (Mi)3 (Si)7 ◯ ◯
                         (4)   (3)   (2)

Fila de Bajos: (Fa)4 (Do)1 (Sol)5 (Re)2 ◯
                         (4)   (3)   (2)   (2)

Empezando con Do, los números de abajo indican los dedos (1). Los números del costado derecho indican el orden de tocar la escala. También se puede bajar: Do, si, la, sol, fa, mi, re, do (al revés, usando los mismos dedos de la subida). La forma de la escala se utiliza sobre cualquier nota tónica en la mano izquierda, los números de los dedos quedan iguales.

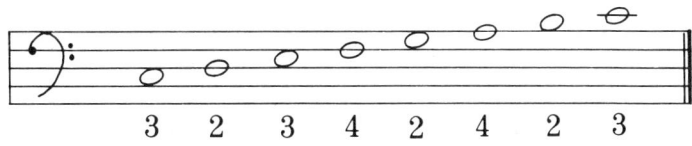

3   2   3   4   2   4   2   3

ANACRUSA

Si un himno no empieza en el ritmo número 1 de su compás, este compás incompleto al principio se llama "anacrusa". Se completa formando un compás completo con los ritmos en el último compás al final del trozo de música.

No se toca nada en la mano izquierda en el acordeón para la anacrusa. Debemos de principiar con los botones en la mano izquierda con los acordes con *ritmo 1* de un compás completo para dar un buen ritmo marcado a todo el himno o trozo musical.

Miraremos el himno No. 1. ¿En qué ritmo principia? En ritmo 4, y los 3 ritmos faltantes se encuentran en el último compás al final del himno. Igualmente los números 5, 6, 8, 12, 13, 97, 32, 79, 49, 101 y otros.

Entonces, tenga cuidado de empezar el ritmo en su mano izquierda siempre con un compás completo, para dar buen ritmo:

Bajo—Acorde, Acorde

Bajo—Acorde, Acorde

Al dirigir los himnos tenga cuidado con la anacrusa.

La mano siempre viene abajo con el ritmo número 1, por lo tanto para dar comienzo con la anacrusa, la mano tiene que subir y después bajar en el ritmo 1.

BOTONES DEL MODO MENOR EN EL ACORDEON

Si estamos tocando un himno en el modo menor, no podemos usar los mismos botones de la mano izquierda que usamos para el modo mayor. El botón 3º se encuentra detrás del Bajo. En vez de usar el botón que sigue al acorde, lo deja y utiliza el siguiente botón (número 3º) que es el acorde menor.

Se usa el acorde menor para los acordes I y IV, pero el acorde V queda en modo mayor. Entonces si el himno está en Do menor, la armadura va a tener 3♭ porque es relativo de Mi♭.

En Do menor:

El Acorde   I   va a ser   Do Mi♭ Sol
El Acorde IV   va a ser   Fa La♭ Do
El Acorde   V   va a ser   Sol Si Re

Si la armadura tiene 2♭ el himno estará en Sol menor, y sus acordes serán:

El Acorde   I será Sol Si♭ Re
El Acorde IV será Do Mi♭ Sol
El Acorde   V será Re Fa La

En la mano derecha se le baja 1 semitono al tono 3º de los acordes I y IV.

En vez de usar el contrabajo del acorde I, se usa el acorde V, alcanzando con el dedo 3, cruzando para dar el ritmo así:

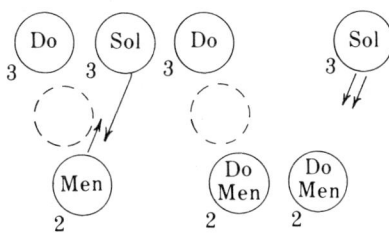

"DO" MOVIBLE

Ahora incluimos una parte sobre el "Do movible". Unos dicen que es difícil, otros quieren entenderlo. Por eso se incluye aquí. Si usted quiere usarlo, bien; si no, tal vez algún día querrá referirse a esta parte.

Para los que van a cantar tal vez sin un instrumento, hay una manera para dar el tono del himno relativamente correcto: es el "Do movible".

Como hemos visto que se puede hacer un acorde mayor sobre cualquier nota de la escala, este PRIMER TONO del Acorde I es el "Do" de su armadura, ésta es la tónica.

Entonces como sabemos cantar el arpegio; Do, Mi, Sol, Do—esto lo cantamos para dar los tonos a cada voz. Entonces si el himno está en el tono de Do, sin ningún accidental, las voces van a tomar Do, Mi, Sol, Do como los tonos del Acorde I.

Si el himno está escrito con 1♭ su tono es Fa, y su Acorde I es Fa, La, Do. Así, cantando Do, Mi, Sol sobre los tonos Fa, La, Do—como los tonos principales, vemos que todo el sonido del trozo de música sube 4 notas.

Si el himno está escrito con 2♭ su tono es Si♭ y su acorde I es Si♭, Re, Fa— entonces Si♭ viene a ser el "Do" de este tono. Véase la página 69 y verá los Acordes I de cada armadura que se usa. Usted puede cantar "Do, Mi, Sol" sobre cualquiera de estos acordes.

El "Do movible" es para el coro y para dar una idea al que dirige los himnos si tiene que cantar sin instrumento, o cantar al oído.

El himno No. 1 de Himnos de Gloria está escrito en tono de Fa, entonces la voz de bajo canta "Do", voz de tenor "Mi", voz de primo canta "Sol", y la segunda voz "Do", porque la nota Fa es la tónica. Así también para el 14, y el 11.

El himno número 2 de Himnos de Gloria, Lluvias de gracia, está escrito con 2♭, por lo tanto su acorde I es Si♭, Re, Fa.

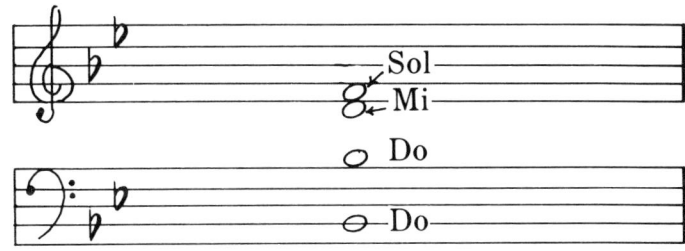

Entonces Si♭ es su "Do". Re es su tono de Mi. Fa es su tono de Sol.

Aquí vemos que el bajo va a cantar "Do". La segunda voz va a cantar "Mi". La primera voz va a cantar "Sol". El Tenor va a cantar "Do" agudo.

Miraremos un himno con 1# en su armadura que estará escrito en tono de Sol, el Número 160, Hay un mundo feliz. Aquí su "Do" será la primera nota del Acorde I, o Sol.

Sabemos que "Sol" está 5 notas arriba de Do, entonces para principiar su "Do" movible, la voz tiene que elevarse 5 notas para principiar cantando el arpegio de "Do, Mi, Sol".

Si uno no tiene instrumento para guiarle, por lo menos puede poner el himno en su "tono" debido, relativamente bien, para no estar cantando muy bajo o muy agudo. Así para comenzar se fija en cuántos intervalos sube o baja para poder mantener los tonos correctos.

Este es el método de llevar la transportación de un trozo de música o un corito. Si le parece muy alto puede decidir en qué tono principia para ponerlo en otra armadura. Va a recordar que si decimos que un himno está en tono de "Fa", no quiere decir que siempre empieza en "Fa", pero dando el acorde completo en el acordeón o piano y solfeando con la voz, escoge si principia con el "Do", el "Mi" o el "Sol" de su escala. Puede ser cualquier nota del Acorde I—Fa será su "Do". La será su "Mi". Do será su "Sol".

NOTAS PARA LA TROMPETA EN "DO"

Algunos hermanos quieren aprender a tocar la trompeta. Como es un instrumento en Si♭ las notas normales no se pueden usar con los himnos. Este método está preparado para poder tocar su trompeta con los himnos sin ningún cambio de transportación.

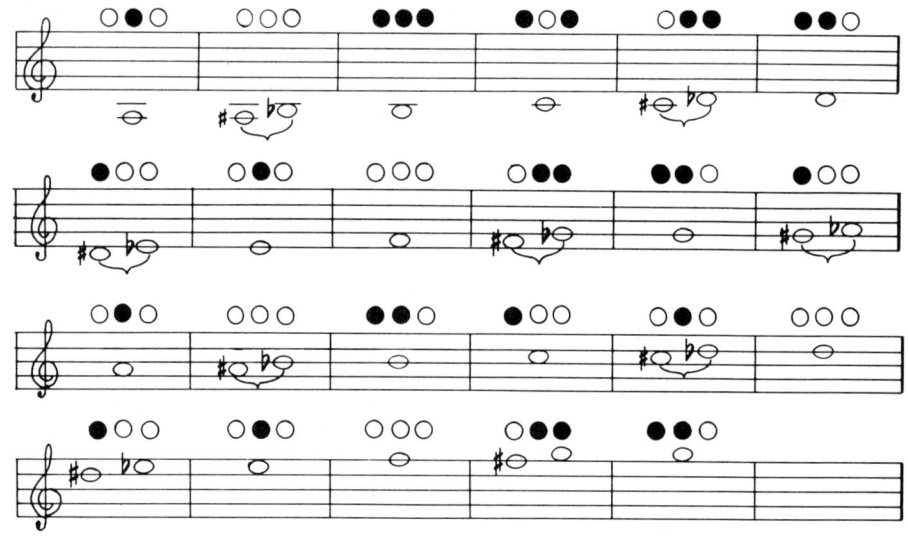

EJERCICIOS PRACTICOS

1. Tonos:

1. ¿Cuántos tonos hay entre mi y fa? _____
2. ¿Cuántos tonos hay entre fa y sol? _____
3. ¿Cuántos tonos hay entre do y mi? _____
4. ¿Cuántos tonos hay entre mi y sol? _____

2. Intervalos:

1. ¿Cuántos intervalos hay entre mi y fa? _____
2. ¿Cuántos intervalos hay entre do y mi? _____
3. ¿Cuántos intervalos hay entre mi y sol? _____
4. ¿Cuántos intervalos hay entre do y fa? _____
5. ¿Cuántos intervalos hay entre do y la? _____
6. ¿Cuántos intervalos hay entre do y si? _____
7. ¿Cuántos intervalos hay entre do y do? _____

3. Armaduras:

1. ¿Si el himno tiene 3♭, en qué tono está? _____
2. ¿Si el himno tiene 1♭, en qué tono está? _____
3. ¿Si el himno tiene 2♭, en qué tono está? _____
4. ¿Si el himno tiene 4♭, en qué tono está? _____
5. ¿Si el himnò tiene 5♭, en qué tono está? _____
6. ¿Si el himno tiene 1♯, en qué tono está? _____
7. ¿Si el himno tiene 2♯, en qué tono está? _____

4. Escalas:

a. ¿Cuál es la ley del pulgar cuando uno está tocando escalas?

b. ¿Por qué hay algunas escalas que no se pueden empezar a tocar con el pulgar, o el dedo 1?

c. Las escalas sirven para hacer más ligera y ágil la mano. Si tiene acceso a un acordeón, armonio, o piano, ejercite las escalas, ciudando qué dedos va a usar. Siga los dedos indicados en las páginas 66 y 67.

5. Círculo de quintos:

a. Si subimos 5 notas desde "Do", ¿sobre qué nota nos encontramos? _____
Entonces, ¿cuántos sostenidos tendrá la escala de Sol? _____

b. Si subimos 5 notas desde "Sol", ¿sobre qué nota nos encontramos? _____
Entonces, ¿cuántos sostenidos tendrá la escala de "Re"? _____

c. Si bajamos 5 notas desde "Do", ¿sobre qué nota nos encontramos? _____
Entonces, ¿cuántos bemoles tendrá esa escala? _____

d. Si bajamos otras 5 notas desde "Fa", ¿sobre qué nota nos encontramos? (Fíjese que tiene que ser sobre un bemol, porque estamos bajando el círculo de bemoles) _____ Entonces, ¿cuántos bemoles tendrá la escala de Si♭? ____

e. Bajando otras 5 notas desde Si♭ nos encontramos sobre qué nota _____ Entonces, ¿cuántos bemoles tendrá la escala de Mi♭? _____

6. Acordes:

a. ¿Cuál es la formación del acorde Mayor? _____ tono + _____

b. En una hoja pentagramada escriba estos acordes:

Acorde de Do   Acorde de Si♭
Acorde de Fa   Acorde de Mi♭
Acorde de Sol   Acorde de La♭
Acorde de Re   Acorde de Re♭
Acorde de La

c. ¿Qué acordes son éstos? (No se olvide que el acorde puede tener un espacio grande, pero para decidir qué acorde es, usted tiene que pensar en el acorde cerrado—2 tonos + 1½ tono.)

d. En su himnario "Himnos de Gloria" puede usted escribir el nombre del acorde debajo de cada acorde en la clave de Fa de los himnos que daremos a continuación. Así se puede ver el uso de los 3 acordes mayores en cada himno:

En tono de "DO" _____   77   186   8
En tono de "SOL" _____   176   167   50
En tono de "FA" _____   194   11   14   1

7. Acordes menores:

a. ¿Cómo se cambia el acorde Mayor para hacer el acorde menor?
b. Escriba en hoja pentagramada el acorde de Do menor.
c. Escriba en hoja pentagramada el acorde de Fa menor.
d. En el acordeón ¿cómo se toca el acorde de Do menor en la mano izquierda?
e. En el tono de Do menor, ¿cuántos accidentales tiene la armadura?
f. En el tono de Sol menor, ¿cuántos accidentales hay?

8. Ritmo:

a. ¿Qué ritmo tienen los siguientes compases?

$\mathbf{C}$ _____ $\mathbf{\mathcal{C}}$ _____ $\frac{12}{8}$ _____ $\frac{3}{3}$ _____

9. Tonos:

En un libro de coros, decida con qué nota principia cada coro.

10. Armaduras:

¿En qué tono mayor está esta armadura?	¿En qué tono menor?	Escriba tres acordes principales

Nuestra oración es que al terminar este libro, el alumno pueda entender y utilizar el idioma de la música para ser una bendición en los cultos de alabanza a Dios.

¡Que el Señor le bendiga, hermano! Siga estudiando y practicando la música.